CENTER FOR LANGUAGE EDUCATION AND COOPERATION
中外语言交流合作中心

"中文+文化"新形态系列教材

2024 年首批天津市级普通高校精品教材建设项目成果。
天津外国语大学本科教学质量与教学改革研究项目
"'中文 + 文化'课程模式创新下的《看故宫 学汉语》教材编写"
（项目编号：TJWD23J01）成果。

看故宫 学汉语 2

主　编　朱京津
副主编　孙　倩
编　者　顾　倩　代秀敏　杨少芳

北京语言大学出版社
BEIJING LANGUAGE AND CULTURE UNIVERSITY PRESS

图书在版编目（CIP）数据

看故宫　学汉语. 2 / 朱京津主编 ; 孙倩副主编.
北京 : 北京语言大学出版社, 2025. 6. -- ISBN 978-7
-5619-6801-7

Ⅰ. H195.4

中国国家版本馆CIP数据核字第2025AR2558号

看故宫 学汉语 2
KAN GUGONG XUE HANYU 2

排版制作：春天书装
责任印制：周　燚

出版发行：北京语言大学出版社
社　　址：北京市海淀区学院路15号，100083
网　　址：www.blcup.com
电子信箱：service@blcup.com
电　　话：编 辑 部　8610-82303395
国内发行　8610-82303650/3591/3648
海外发行　8610-82303365/3080/3668
北语书店　8610-82303653
网购咨询　8610-82303908
印　　刷：北京瑞禾彩色印刷有限公司

版　　次：2025年6月第1版　**印　　次：**2025年6月第1次印刷
开　　本：787毫米×1092毫米　1/16　**印　　张：**16.25
字　　数：185 千字
定　　价：108.00 元

PRINTED IN CHINA
凡有印装质量问题，本社负责调换。售后QQ号1367565611，售后电话：010-82303590

前　言

一、教材的内容设计

《看故宫 学汉语》系列教材分为《看故宫 学汉语1》《看故宫 学汉语2》两册，教授二语学习者故宫的文化知识，侧重学习者口语表达的训练，兼顾读写能力的培养。《看故宫 学汉语1》的8个文化主题单元分别是故宫的历史、故宫里的皇帝、故宫里的宫殿、故宫里的建筑、故宫里的神兽、故宫里的珍宝、故宫里的名画1、故宫里的节日。《看故宫 学汉语2》的8个文化主题单元分别是故宫里的名画2、故宫里的书法、故宫里的瓷器、故宫里的金银器、故宫里的文房四宝、故宫里的丝织品、故宫里的家具、故宫里的钟表。每册各有200多个文化方面的词语。每个文化主题单元包括语言学习、文化知识和手工体验3个教学板块。

1.语言学习板块

每个文化主题单元的语言学习板块有两课，共16课，32课时。每课围绕一个核心语素汉字，进行相关词语、句型和课文的教学。文化知识部分配有教师的讲解视频。①

语言学习板块的第一课包括文化知识热身、核心语素汉字、相关语素的拓展词语学习、句型学习和课堂练习五部分。

（1）文化知识热身。对每个文化主题的相关知识进行预热，以便让学习者对该文化主题有大概的了解和总体的认知。

（2）核心语素汉字。每个文化主题单元的核心语素汉字都与该文化主题紧密相关。学习者学习核心语素汉字的音、形、义。如第一册第一课的核心语素汉字是

① 配套的文化视频可以在北京语言大学出版社官网（www.blcup.com）下载。

"宫"，它的甲骨文字形由两个相连或分开的"口"形构成。《说文解字》对"宫"的解释是"室也"，即"宫"的本义是房屋，后引申为宗庙、神庙、学校等。秦汉以后，"宫"特指帝王居住的地方，是权力与尊贵的象征。

（3）词汇学习。围绕核心语素汉字拓展相关词语，形成该核心语素汉字的语义场。学习者从核心语素汉字的本义出发，学习相关词语，可以加深对词汇的理解和记忆。以第一册第一课的核心语素汉字"宫"为例。学习者可以从"宫"特指帝王居住的地方联想到一系列与"宫"相关的事物，如"宫墙""宫殿""宫门""宫灯""宫女""宫廷舞""乾清宫""坤宁宫""慈宁宫"等。涉及文化的词汇中专有名词较多，有的虽然不在《国际中文教育中文水平等级标准》内，但通过教师的讲解和图片的展示，学习者也是不难掌握的。

（4）句型学习。用已学的词语进行句型练习。

例如：第一册第一课的句型——N / NP是……的地方。

乾清宫是皇帝居住的地方。

坤宁宫是明朝皇后居住的地方。

在句型学习的同时，教师可对"乾清宫""坤宁宫"等专有名词进行介绍。本书配有相关文化知识的讲解视频，学习者可利用这些教学资源加深理解。教师在文化讲解时力图将传统文化与现代文化相结合，使学习者能更深刻地理解中国传统文化在现代社会的传承与创新。

（5）课堂练习。语言学习板块的第一课包括3个课堂练习。课堂练习1帮助学习者复习所学的生词，以口语能力的训练为主；课堂练习2复现所学的生词，同时围绕当课的核心语素汉字，拓展一些高级词语来扩大学习者的词汇量，以书写能力的训练为主；课堂练习3要求学习者结合当课的文化知识进行句型练习，以读写能力的综合训练为主。

语言学习板块的第二课包括复习操练、词汇学习、课文学习和表达练习四部分。

（1）复习操练。"复习操练"部分对第一课的生词进行了练习与巩固，同时复习与应用这些生词。

（2）词汇学习。"词汇学习"部分呈现了"课文学习"中的生词及一些拓展词语。

（3）课文学习。课文内容基于第一课的重点生词、句型，结合了相关文化知识，以对话体为主。语言生动活泼，风趣幽默，注重实用性。课文通过对话的形式，让学习者在特定语境中学习重点生词和句型。

（4）表达练习。语言学习板块第二课的练习以读写能力的表达训练为主，有的练习以游戏的方式呈现。表达练习1对“词汇学习”中的生词进行复习与操练。表达练习2对该课的课文内容、重点句型进行口头表达训练。表达练习3则是从跨文化比较的角度进行成段表达的综合训练。

2.文化知识板块

文化知识板块是围绕本单元文化主题的阅读材料，对故宫的相关文化知识进行更深入、全面的介绍，满足学有余力的学习者的文化需求，提高其阅读能力。阅读材料主要针对的是中高级汉语水平学习者。教师可以根据学生的水平灵活把握，有所取舍。

3.手工体验板块

手工体验板块让学习者沉浸式地体验与故宫文化主题相关的手工制作。学习者可以按照建议的步骤，依照图片进行制作。每个单元的手工体验板块都与其文化主题相呼应。例如：“故宫里的名画1”文化主题的手工体验活动是在扇子上画《千里江山图》，“故宫里的节日”文化主题的手工体验活动是制作宫灯，等等。学习者在学习故宫文化的同时进行手工制作，可以让他们对故宫文化有更感性的认识。这是体演文化教学法在《看故宫 学汉语》系列教材里的实践与创新，手工制作的相关用品只是用来演示这种教学法，教师可根据实际教学情况自行安排。

二、教材的适用对象

《看故宫 学汉语1》适用于汉语水平达到HSK3级以上的学习者，《看故宫 学汉语2》适用于汉语水平达到HSK4级以上的学习者。《看故宫 学汉语》系列教材可用于外国留学生的学历课程、短期课程和海外孔子学院的语言文化学分课程等。

三、 教材的编写特点

1.以语素为核心的“文化语言课程”教学模式

《看故宫 学汉语》系列教材的创新点在于基于核心语素汉字的“文化语言课程”教学模式，即以语素为核心，以故宫文化为依托进行汉语教学。汉语的语素是最小的音义结合体，核心语素汉字本身就体现了中国的传统文化元素和中国人的思维方式。学习者在核心语素的基础上，学习其拓展词语及相关句型，有事半功倍之效，同时也有利于培养二语学习者的汉语思维，学会故宫文化的汉语表达，实现文化教学和语言教学齐头并进。

2.“语言 · 文化 · 互动”三位一体的文化语言教材

《看故宫 学汉语》系列教材由语言学习、文化知识和手工体验（互动体验）三大板块组成，围绕故宫的16个文化主题，让学习者从视觉、听觉、触觉等多感官立体认知故宫文化，学习汉语知识，提升跨文化交际能力，感受中华文明的魅力。

3.文化语言课程词汇水平的层级性

虽然市场上的汉语语言教材和中国文化教材很多，但能将两者有机融合的汉语教材却不多见。《看故宫 学汉语》系列教材以《国际中文教育中文水平等级标准》为纲，在课文内容、阅读材料及练习设计的词汇量上体现了一定的层级性，可满足不同汉语水平的学习者了解故宫文化的需求。同时注重口语表达和读写能力的综合训练，提高学习者的语言交际能力。

4.充分发挥插图的作用

《看故宫 学汉语》系列教材采用的插图共400多张，包括故宫重要文物的图片等，学习者足不出户就可以直观地感受故宫文化的博大精深。展示图片还可以帮助学习者跨越语言障碍，更好地理解内容，降低学习难度。

教师在教学时可以遵循教材的编写思路安排教学活动，也可以根据实际教学情况自行安排，如语言学习板块中的课堂练习和表达练习，教师可以根据学生情况调整练习的顺序。

四、教材的语法标记

1.词类名称的缩写

名词	动词	形容词	副词	量词	专有名词
名	动	形	副	量	专名

2.语法术语的标记

主语	名词	动词	形容词短语	名词短语	动词短语
S	N	V	AP	NP	VP

3.句型结构的标记

在基本句型结构中，属于提示部分的用“（ ）”表示。例如：N / NP（处所）+V着+ N / NP（人 / 事物）。

五、课文的主要人物

大卫：非洲大学生，来中国一年，汉语水平不错，对中国文化很感兴趣，但不太了解。

玛丽：欧洲大学生，来中国六年，汉语水平非常高，对中国文化非常感兴趣，并有很多了解。

老师：中国的国际中文教师，从事国际中文教育多年，对中国文化非常有研究。

六、教材的立项情况

《看故宫 学汉语》系列教材为以下项目的成果：

（1）教育部中外语言交流合作中心《国际中文教育中文水平等级标准》教学资源建设项目“基于《国际中文教育中文水平等级标准》的文化语言课程教学资源建设”（项目编号：YHJC21YB-038）的阶段性成果。

（2）教育部中外语言交流合作中心国际中文教育研究课题“以语素教学为线索的文化语言课程教学模式研究”（项目编号：21YH41C）的阶段性成果。

（3）教育部中外语言交流合作中心项目“‘文化汉语’融合型教学模式线上课程创新实践研究”（项目编号：21YH037CX5）的阶段性成果。

（4）世界汉语教学学会全球中文教育主题学术活动资助计划“国际中文教育下的‘传统文化’教学模式研究”（项目编号：SH23Y14）的阶段性成果。

（5）2024年首批天津市级普通高校精品教材建设项目成果。

（6）天津外国语大学本科教学质量与教学改革研究项目“‘中文+文化’课程模式创新下的《看故宫 学汉语》教材编写”（项目编号：TJWD23J01）成果。

（7）教育部中外语言交流合作中心国际中文教育研究课题“文博资源融入文化教学新模式”（项目编号：21YH74D）的阶段性成果。

（8）天津市教委科研计划专项任务项目（语言文字）“天津汉语国际教育专业对本地文博资源的应用研究”（项目编号：2022YYWZ210）的阶段性成果。

七、教材的数字化建设

《看故宫 学汉语》系列教材还配有数字化立体互动教材，纸质教材融合数字教材，线上、线下结合，可以让学生对故宫文化有更直观、清晰的认知，在语言学习上有更强的互动性和实操性。因此，《看故宫 学汉语》系列教材是“中文+文化”的新形态系列教材。

如想了解《看故宫 学汉语》系列教材互动电子书的更多信息，可扫描下方二维码：

在《看故宫 学汉语》系列教材的编写过程中，我们有幸得到了多位学界权威的倾力指导。特别是故宫博物院研究馆员、故宫学研究所副所长李文君先生，南开大学故宫学与明清宫廷研究中心主任何孝荣教授，以及天津师范大学文物与博物馆学系陈晨副教授，在此致以诚挚的谢意。同时，我们还要衷心感谢南开大学卢福波教授在国际中文教学方面的指导，使这套教材得以更加完善地呈现给读者。

目　录

第一单元
故宫里的名画②

第一课　画中人①　/2
第二课　画中人②　/12
阅读材料一　故宫里的名画②　/24
手工制作一　《清明上河图》帆布包绘制　/28

第二单元
故宫里的书法

第三课　书法之美①　/31
第四课　书法之美②　/42
阅读材料二　故宫里的书法　/53
手工制作二　《百福图》绘制　/57

第三单元
故宫里的瓷器

第五课　为什么叫“瓷母”①　/60
第六课　为什么叫“瓷母”②　/70
阅读材料三　故宫里的瓷器　/78
手工制作三　梅瓶绘制　/81

第四单元
故宫里的金银器

第七课　金瓯永固杯①　/84
第八课　金瓯永固杯②　/93
阅读材料四　故宫里的金银器　/104
手工制作四　点翠发簪制作　/108

目 录

第五单元

故宫里的文房四宝

第九课 文房四宝 ① /112

第十课 文房四宝 ② /121

阅读材料五 故宫里的文房四宝 /133

手工制作五 砚台绘制 /136

第六单元

故宫里的丝织品

第十一课 一寸缂丝一寸金 ① /138

第十二课 一寸缂丝一寸金 ② /147

阅读材料六 故宫里的丝织品 /156

手工制作六 梅花香囊制作 /159

第七单元

故宫里的家具

第十三课 精美的故宫家具 ① /163

第十四课 精美的故宫家具 ② /173

阅读材料七 故宫里的家具 /183

手工制作七 红木雕花椅模型制作 /187

第八单元

故宫里的钟表

第十五课 中西合璧的钟表 ① /190

第十六课 中西合璧的钟表 ② /200

阅读材料八 故宫里的钟表 /212

手工制作八 钟表模型制作 /216

练习参考答案 /218

词语总表 /241

第一单元

故宫里的名画

②

语言学习

第一课

画中人①

课程导入

故宫里收藏着一幅传世名画《清明上河图》，这幅画儿上人物众多，我们一起去看看画中人，以及他们正在做什么吧。

教学重点

1.学习核心语素汉字“人”及其相关词语。
2.欣赏《清明上河图》中形态各异的人物形象。
3.学习句型“S+正在+VP+呢”。

文化知识热身

Běijīng Gùgōng Bówùyuàn cáng yǒu lìdài huìhuà zuòpǐn
北京 故宫 博物院 藏 有 历代 绘画 作品 50000

duō jiàn, jīhū nángkuòle Zhōngguó huìhuà fāzhǎn gè lìshǐ shíqī de
多件①，几乎 囊括 了 中国 绘画 发展 各历史时期 的

míng jiā míng pǐn. Běisòng huàjiā Zhāng Zéduān de《Qīngmíng Shànghé Tú》
名 家 名 品。北宋 画家 张 择端 的《清明 上河 图》

jiù shì qízhōng de zhēnpǐn.《Qīngmíng Shànghé Tú》shēngdòng de jìlùle
就是 其中 的 珍品。《清明 上河 图》生动 地 记录了

① 据2017年3月30日《北京日报》刊发的报道《1862690件藏品！故宫亮最新家底》。

Běisòng dūchéng Biànjīng (jīn Hénán Kāifēng) de chéngshì miànmào hé

北宋都城汴京[①](今河南开封)的城市面貌和

dāngshí rénmín de shēnghuó zhuàngkuàng. Huàr zhōng huàle bù tóng zhíyè、bù tóng

当时人民的生活状况。画儿中画了不同职业、不同

jiēcéng de rénwù, rénshù zhòngduō, què gè jù tèsè. Chēmǎ、fángshè、

阶层的人物,人数众多,却各具特色。车马、房舍、

jiēshì、cǎomù、chuánzhī děng dōu xìzhì-rùwēi, chōngmǎn rénjiān yānhuǒ

街市、草木、船只等都细致入微,充满人间烟火

qìxī, tā yòng dútè de fāngshì sùshuōzhe Běisòng de fánhuá.

气息,它用独特的方式诉说着北宋的繁华。

核心语素汉字

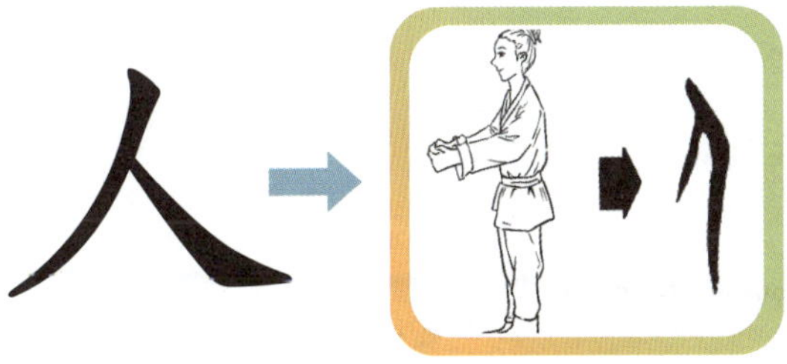

“人”是象形字。“人”字的甲骨文多为侧立的人形,手臂或垂或举。隶书时期,字形变化较大。楷书的“人”字,撇、捺两笔像人的双腿,突出了“人”直立行走的特征。在《说文解字》中,“人”的本义是“人,天地之性最贵者也”,这强调了人在天地万物中的尊贵地位。

——出自汉典网

① “汴京”又称“东京”或“汴梁”,是北宋的都城。“汴京”多见于文学和绘画作品,强调其与汴河的紧密联系,是从地理和城市历史角度来称呼的;“东京”多见于官方文书等,是从行政区划和都城方位的角度来称呼的;“汴梁”的称呼主要用于历史研究、文学创作等领域,多见于后世文人的诗词中。

词汇学习

序号	词汇	拼音	词类	英文翻译
1	繁华	fánhuá	形	prosperous
2	年轻人	niánqīngrén	名	the young
3	文人	wénrén	名	scholar, literatus
4	老人	lǎorén	名	the old
5	病人	bìngrén	名	patient
6	商人	shāngrén	名	businessman
7	说书人	shuōshūrén	名	storyteller
8	熟人	shúrén	名	acquaintance
9	富人	fùrén	名	the rich
10	大人	dàren	名	adult
11	官员	guānyuán	名	officer
12	聊天儿	liáotiānr	动	to chat
13	艺人	yìrén	名	entertainer, performer
14	僧人	sēngrén	名	monk
15	道士	dàoshi	名	Taoist priest
16	男人	nánrén	名	man
17	女人	nǚrén	名	woman
18	客人	kèrén	名	guest
19	小贩	xiǎofàn	名	vendor

序号	词汇	拼音	词类	英文翻译
20	工人①	gōngrén	名	skilled worker
21	陌生人	mòshēngrén	名	stranger

课堂练习1

指图说词，两人一组，比比谁说得快。

① 北宋时期，“工人”通常泛指从事手工业生产的人，比如织工、木匠、铁匠等。

句型学习

S+正在+VP+呢。 （HSK2）

《清明上河图》上人物众多，一共画了多少人呢？

关于《清明上河图》上的人数，说法不一，故宫博物院研究员余辉在《隐忧与曲谏》中指出，画儿中确切可辨的人物为814人。

各色人物不但衣着不同，神情气质各异，而且从事的活动也各不相同。

《清明上河图》描绘了北宋都城汴京街市上热闹繁华的市井景象。

大人和孩子正在买东西呢。

不同身份的人乘坐的交通工具也不同。《清明上河图》中可以看到步行、坐轿、骑马等多种方式。北宋时期，马非常珍贵，通常是官员①等出行的交通工具。

这位官员正在骑马呢。

① 北宋因马匹稀缺（多依赖进口），所以马主要供官员、军人或富商使用。

《清明上河图》的画面上，有的人忙碌，有的人悠闲。虽然人物众多，但动静相宜，繁而不乱。

这两个年轻人正在聊天儿呢。

"瓦子"①是宋代至元代城市中的综合性娱乐场所，以民间艺术表演为核心。艺人在瓦子中表演说书、杂剧、杂技等各类技艺，其中说书很受欢迎，这反映了宋代市民文化的繁荣。

说书人正在说书呢。

无论大人还是孩子，僧人、道士还是文人，都喜欢听书。说书的内容以市井小说、历史演义为主，引人入胜。

文人、僧人和道士正在听书呢。

---

① 瓦子又称瓦舍、瓦市、瓦肆，兴起于北宋，盛行于南宋至元代。

《清明上河图》上画着很多酒楼，可见酒文化在北宋都城汴京已经相当繁荣。

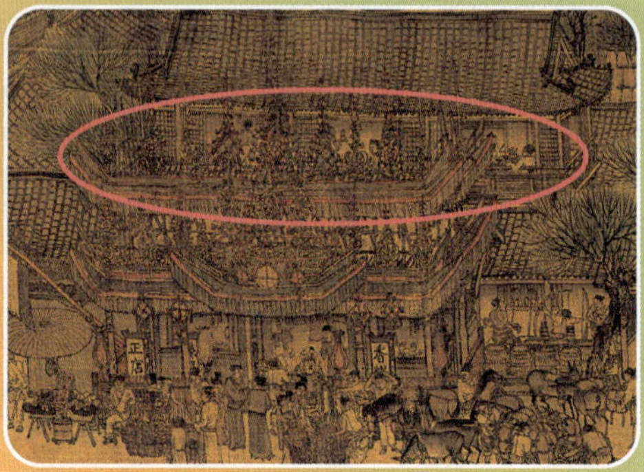

客人们正在喝酒呢。

课堂练习2

1 选择合适的词语填空。

（1）迎面走来两个白发苍苍的＿＿＿＿＿。（老人　年轻人）

（2）喝酒看价钱的是＿＿＿＿＿，喝酒看牌子的是＿＿＿＿＿。（富人　穷人）

（3）＿＿＿＿＿把钱花在面子上，＿＿＿＿＿把钱花在面容上。（男人　女人）

（4）家里来了＿＿＿＿＿，妈妈十分热情。（熟人　客人）

（5）“书中自有黄金屋”，这是中国古代＿＿＿＿＿的价值观。（商人　文人）

（6）＿＿＿＿＿通常是指信奉佛教并出家修行的人。（僧人　道士）

（7）我在北京街头见过各种各样的小摊儿＿＿＿＿＿，他们都在努力地生活着。（小贩　商人）

（8）每逢节庆，灯笼铺的＿＿＿＿＿都要日夜赶制花灯。（工人　男人）

2 请猜一猜这些词语的意思，并完成下列句子。

人山人海	客气	商量	文化
丰富多彩	道听途说	疾病	老样子

（1）春节快到了，商场里________，大家都在买年货。

（2）他总是________，我们差点儿以为是真的。

（3）母亲鼓励女儿要在________面前坚强。

（4）中国人的饮食________历史悠久。

（5）我晚上回去跟家人________一下这件事。

（6）学校为寒假安排了________的活动。

（7）20年过去了，家乡还是________，一点儿也没变。

（8）我们是好朋友，跟我不用________。

课堂练习3

1 请根据《清明上河图》中的画面，使用句型“S+正在+VP+呢”回答下列问题。

（1）船夫们正在聊天儿吗？

________________。

（2）这个工人正在打水吗？

________________。

（3）画儿上有一个道士，他正在做什么？

____。

（4）你觉得他们是陌生人吗？为什么？

____。

（5）桥上的人忙吗？

____。

（6）门前的人累吗？

____。

❷ 下面是故宫收藏的传世名画，请使用句型“S+正在+VP+呢”写一写画中人正在做什么。

〔元〕赵雍《挟弹游骑图》

（1）

这位官员________________________________。

［北宋］赵佶《听琴图》（局部）

（2）

这些文人＿＿＿＿＿＿＿＿＿＿＿＿＿＿＿＿。

［元］吴镇《渔父图》轴（局部）

（3）

这位老人＿＿＿＿＿＿＿＿＿＿＿＿＿＿＿＿。

［清］佚名《康熙帝读书像》

（4）

康熙帝＿＿＿＿＿＿＿＿＿＿＿＿＿＿＿＿。

第二课

画中人 ②

课程导入

《清明上河图》中人物众多，有男人、女人、老人、商人、文人等。除了各色人物，这幅画儿上还画着很多其他的东西。我们一起来看看《清明上河图》还画着什么吧。

教学重点

1.复习核心语素汉字“人”及其相关词语，并会使用句型“S+正在+VP+呢”表达。

2.学习课文，进一步了解《清明上河图》的艺术价值。

复习操练

1 看图写词：请欣赏《清明上河图》，并用下面的词语完成句子。

工人　　病人　　熟人　　商人　　文人　　僧人

（1）正在牵着骆驼走过城门的人是________。

（2）北宋都城中有方便居民获取饮用水的水井，__________们正在井边打水。

（3）碰到了自己的老__________，他们愉快地交谈起来。

（4）________们聚在一起，谈古论今。①

（5）在《清明上河图》中，__________、道士和文人在街市上交谈、听书。②

① 文人雅士吟咏诗文、议论学问的集会，也称为雅集。

② 北宋时期确实存在儒家、佛教、道教三教合流的现象。

（6）“赵太丞家”是远近闻名的医馆，大夫正在给＿＿＿＿＿＿看病呢。

❷ 两人一组，使用句型“S+正在+VP+呢”描述下列图片，看谁说的句子多。

（1）

（2）

（3）

（4）

（5）

（6）

词汇学习

序号	词汇	拼音	词类	英文翻译
1	大酒楼	dàjiǔlóu	名	magnificent restaurant
2	小酒馆	xiǎojiǔguǎn	名	pub, bistro

序号	词汇	拼音	词类	英文翻译
3	钟鼓楼	Zhōng-Gǔ Lóu	专名	Bell and Drum Tower
4	虹桥	Hóng Qiáo	专名	Hongqiao Bridge
5	望火楼	Wàng-huǒ Lóu	专名	Fire Watching Tower
6	彩楼欢门	cǎi lóu huān mén		storefront decorations in the tavern during the Song Dynasty
7	精彩	jīngcǎi	形	wonderful, brilliant
8	汴河	Biàn Hé	专名	Bian River
9	艘	sōu	量	classifier used for ships
10	货船	huòchuán	名	cargo ship
11	集市	jíshì	名	market
12	坐轿	zuò jiào		to ride in a sedan
13	算税	suàn shuì		to calculate taxes
14	家	jiā	量	classifier used for store, enterprise, etc.
15	座	zuò	量	classifier used for building, tower, mountain, etc.
16	面	miàn	量	classifier used for wall, mirror, etc.
17	酒帘	jiǔlián	名	tavern flag
18	张	zhāng	量	classifier used for paper, net, bow, etc.
19	把	bǎ	量	classifier used for knife, sword, umbrella, etc.
20	先进	xiānjìn	形	advanced
21	口	kǒu	量	classifier used for well, spring, vat, etc.
22	水井	shuǐjǐng	名	well

表达练习1

1 请找出《清明上河图》中建筑的对应词语，并把答案写下来。

大酒楼	小酒馆	钟鼓楼	旅店	
虹桥	望火楼	饭店	医馆	彩楼欢门

（1）______________________________。

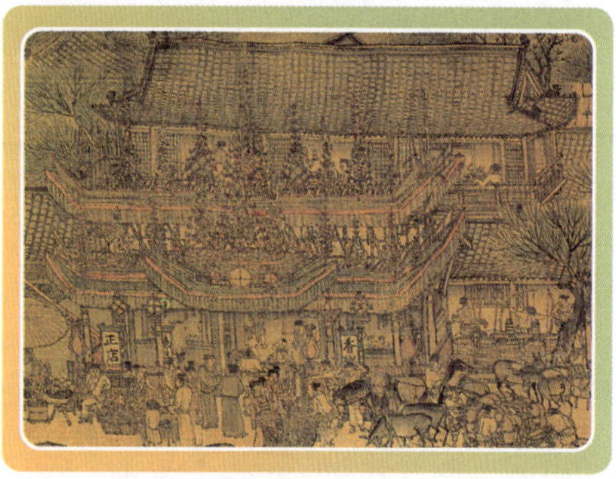

（2）______________________________。

（3）______________________________。

（4）______________________________。

（5）______________________________。

（6）

____。

（7）

____。

（8）

____。

（9）

____。

❷ 你能从《清明上河图》的这些画面中想到什么声音？请将想到的声音与对应的画面连线。

大树断裂的咔嚓声

纤夫拉船的号子声

孩子的啼哭声

追赶的惊叫声

人群相遇时的说话声

课文学习

听对话，回答问题：

（1）大卫介绍的是哪幅画儿？

（2）为什么不说这幅画儿“美”而说它“精彩”？

（3）课文介绍了《清明上河图》上的哪些人？

（4）课文介绍了《清明上河图》上的哪些建筑？

（5）玛丽为什么想自己欣赏《清明上河图》？

Mǎlì, nǐ kuài lái, nǐ yídìng yào kànkan zhè fú《Qīngmíng Shànghé Tú》, jiǎnzhí tài jīngcǎi le!

大卫：玛丽，你快来，你一定要看看这幅《清明上河图》，简直太精彩了！

Tiān a! Zhè fú huàr shang huàzhe zhème duō rén a!

玛丽：天啊！这幅画儿上画着这么多人啊！

Shì a, nǐ kàn nǐ kàn, zhè fú huàr shang yǒu yì tiáo hé, jiào Biàn Hé. Biàn Hé shang yǒu hěn duō chuán, zhè sōu chuán shì huòchuán, nà sōu chuán shì yóuchuán.

大卫：是啊，你看你看，这幅画儿上有一条河，叫汴河。汴河上有很多船，这艘船是货船，那艘船是游船。

Zhè sōu chuán zhèngzài guò qiáo ne.

玛丽：这艘船正在过桥呢。

Nǐ kàn nǐ kàn, zhè zuò qiáo jiào Hóng Qiáo, qiáo shang de jíshì kě rènao le, xiǎofànmen zhèngzài mài dōngxi, rénmen zhèngzài mǎi dōngxi ne. Yǒu de rén qí mǎ, yǒu de rén qí lǘ, yǒu de rén

大卫：你看你看，这座桥叫虹桥，桥上的集市可热闹了，小贩们正在卖东西，人们正在买东西呢。有的人骑马，有的人骑驴，有的人

zǒulù, yǒu de rén zuò jiào, hái yǒu……
走路，有的人坐轿，还有……

Hái yǒu hěn duō rén zhèngzài gōngzuò ne.
玛丽： 还有 很 多 人 正在 工作 呢。

Duì duì duì, nǐ kàn nǐ kàn, zhège gōngrén zhèngzài xiū chē ne,
大卫： 对对对，你看你看，这个 工人 正在 修车呢，

nàwèi guānyuán zhèngzài suàn shuì ne.
那位 官员 正在 算 税 呢。

Tā shì shéi? Wèi shénme dàjiā dōu wéizhe tā?
玛丽： 他是谁？为什么 大家都 围着他？

Tā shì yí gè shuōshūrén. zhèngzài shuōshū ne, shuōshū zài Běi
大卫： 他是一个 说书 人。正在 说书 呢，说书 在 北

sòng fēicháng shòu huānyíng. Nǐ kàn nǐ kàn, dàren、xiǎoháir
宋 非常 受 欢迎。你看 你看，大人、小孩儿

dōu wéizhe tā, zhèngzài tīng tā shuōshū ne.
都 围着他，正在 听 他说书 呢。

Zhèxiē fángzi shì shénme?
玛丽： 这些房子是 什么？

Nǐ kàn nǐ kàn, zhè shì yì jiā dàjiǔlóu, ménkǒu jiàzhe yí zuò gāodà
大卫： 你看你看，这是一家大酒楼，门口 架着 一座高大

de cǎi lóu huān mén, nà shì yì jiā xiǎojiǔguǎn, ménkǒu guàzhe yí
的彩楼 欢 门，那是一家小酒馆，门口 挂着 一

miàn jiǔlián.
面 酒帘。

Zhè shì yì jiā fàndiàn ba, lǐmiàn bǎizhe jǐ zhāng zhuōzi hé jǐ bǎ
玛丽： 这是一家饭店吧，里面摆着几 张 桌子和 几把

yǐzi, kèrénmen zhèngzài děngzhe chīfàn ne.
椅子，客人们 正在 等着 吃饭呢。

Nǐ kàn nǐ kàn, huàrshang hái huàzhe Wànghuǒ Lóu、Zhōng-Gǔ Lóu.
大卫： 你看你看，画儿上 还画着 望 火 楼、钟 鼓 楼。

"Wáng Yuánwài Jiā" shì yì jiā lǚdiàn, lǚkè kěyǐ zài zhèli
"王 员外 家"是一家 旅店，旅客 可以在 这里

zhùsù. "Zhào Tàichéng Jiā" shì yì jiā yīguǎn, dàifu zhèngzài
住宿。"赵 太丞 家"是一家 医馆，大夫 正在

gěi bìngrén kànbìng ne.
给 病人 看病 呢。

Méi xiǎngdào gǔdài de chéngshì zhème xiānjìn、fánhuá.
玛丽： 没 想到 古代的 城市 这么先进、繁华。

Nǐ kàn nǐ kàn, Biàn Hé liǎng'àn hái zhòngzhe yì kē kē dàshù, zhèli
大卫： 你看你看，汴 河 两岸 还 种着 一棵棵大树，这里

hái huàzhe yì kǒu shuǐjǐng, gōngrénmen zhèngzài dǎshuǐ ne. Nǐ
还 画着 一 口 水井，工人们 正在 打水呢。你

kàn nǐ kàn……
看你看……

Hǎole hǎole, zhè fú huàr shì hěn jīngcǎi, búguò nǐ zhè dōng yí
玛丽： 好了好了，这幅画儿是很 精彩，不过你这 东 一

jù xī yí jù de, wǒ háishi zìjǐ kàn ba.
句西一句的，我还是自己看吧。

表达练习2

1 判断下面的句子是否符合课文的意思，对的画"√"，错的画"×"。

（1）汴河上的船都是货船。 （ ）

（2）虹桥上有一个热闹的集市。 （ ）

（3）大人、小孩儿都围着一个说书人。 （ ）

（4）医馆的门前架着一座高大的彩楼欢门。 （ ）

（5）“赵太丞家”是一家旅店。 （ ）

（6）玛丽认为古代的城市不太繁华。 （ ）

❷ 根据课文内容，请选择合适的量词填空。

艘　　面　　家　　把　　张　　座　　条

（1）《清明上河图》上画着一________河，名叫汴河。

（2）汴河上架着一________虹桥。

（3）几________货船在汴河上行驶着。

（4）小饭店里摆着几________桌子和几________椅子。

（5）街上还开着一________旅店。

（6）汴河两旁有一________商业街，街上有很多酒店。“孙羊正店”是一________大酒楼，门前架着一________彩楼欢门。几________小酒馆门前都挂着________酒帘。

❸ 请结合下面的图片，使用句型“S+正在+VP+呢”描述，并把句子写下来。

例如：他们正在学习呢。

（1）________正在________________。

（2）________正在________________。

（3）________正在________________。

（4）________正在________________。

（5）________正在________________。

（6）________正在________________。

（7）________正在________________。

（8）________正在________________。

4 游戏练习：我演你猜他写。学生三人一组，A同学表演一个动作，B同学猜一猜A同学正在做什么，并用句型“S+正在+VP+呢”小声告诉C同学，C同学把这句话写下来，然后交给A同学判断对错。

例如：A同学做出正在喝水的样子。

B同学猜完后用句型“S+正在+VP+呢”告诉C同学答案。

C同学写下“A同学正在喝水呢”，然后让A同学判断对错。

（1）________________________

（2）________________________

（3）________________________

表达练习3

请同学们仔细欣赏《清明上河图》，使用句型“S+正在+VP+呢”向大家介绍画中人正在做的事。

文化知识

阅读材料一

故宫里的名画②

请阅读本文，回答下面的问题。

1.中国现存的最早纸本中国画是什么？

2.你能描述一下《五牛图》中第二头牛的样子吗？

3.《五牛图》中的五头牛有什么共同点？

4.《五牛图》和其他中国画相比，有什么独特之处？

大家快来看，这幅长卷上画着五头牛，它就是中国十大传世名画之一的《五牛图》。这幅画儿是唐代韩滉(Hán Huàng)[①]创作的，现珍藏于北京故宫博物院。作为中国现存的最早纸本中国画，它非常珍贵，被视为故宫博物院的“镇馆之宝”之一。

〔唐〕韩滉《五牛图》

《五牛图》画了排成一行的五头牛，悠闲地走在田地里。最右边的一头牛是棕黄色的，膘肥体壮，牛角弯曲，好像正在身边的树丛蹭痒痒(cèng yǎngyang)[②]，还低头咬

① 韩滉：an artist of Tang Dynasty

② 蹭痒痒：to scratch an itch

了一口路边的小草，嚼(jiáo)[1]得津津有味，露出一副怡然自得(yírán zìdé)[2]的神情。第二头是黑白花牛，它抬着头向前看，好像正在哞哞叫，急着追上前面的伙伴。第三头是站在画面中间的深褐色(shēnhèsè)[3]老牛，牛角无力，皮毛略显松弛(sōngchí)[4]，看起来比较瘦，但眼神却充满灵性(língxìng)[5]，似乎在呼唤前面和后面的同伴。它正视观众，嘴巴微微张着，好像正在诉说它一生的辛劳。第四头是浅黄色的牛。牛角后弯，体格健壮，正在回头看，伸着舌头，非常可爱。是什么吸引了它呢？也许是伙伴的叫声，也许是老牛诉说的故事，也许是远处牧童(mùtóng)[6]的笛声(díshēng)[7]……第五头深黄色的牛可不理这些，它的牛角向前伸，戴着鼻环，表情严肃，眼神坚定，好像正在思考着什么问题，缓慢前行。

《五牛图》上画着的五头牛虽然颜色不同、表情不同、姿态不同，但有一个共同点，那就是它们的眼睛都

第一头牛

第二头牛

第三头牛

---

① 嚼：to chew

② 怡然自得：be happy and pleased with oneself

③ 深褐色：dark brown

④ 松弛：loose (skin)

⑤ 灵性：spirituality

⑥ 牧童：shepherd boy

⑦ 笛声：the sound of a flute

圆睁着，非常传神。画家韩滉把牛的眼睛适当夸大，眼睛的瞳孔(tóngkǒng)①、眼眶(yǎnkuàng)②、睫毛(jiémáo)③和眼睛周围的皱纹(zhòuwén)④都清晰可见，强化了牛的精神气质，画出了牛既温顺又倔强(juéjiàng)⑤的性格特点。

唐代画家韩滉擅长(shàncháng)⑥画人物和走兽，他的画作中牛、羊、驴等神态生动，其中对牛的刻画最为传神。为什么韩滉能够把牛画得这么生动传神呢？这都归功于他对生活的细致观察。有一天，韩滉漫步(mànbù)⑦在田间的小路上，春风和暖，绿树成荫，他一抬头，就看见几头牛，有的在低头吃草，有的在看远处，有的在帮农夫耕地。韩滉看得入神，当即让随从(suícóng)⑧拿出纸笔，认真地画了幅耕牛图。经过一段时间的反复修改，韩滉终于画出了五头形态各异的牛，留下了这幅传世佳作。

中国画中以山水、花鸟、人物为主角的作品很常见，但《五牛图》整幅画儿除

第四头牛

第五头牛

---

① 瞳孔：pupil

② 眼眶：eye socket

③ 睫毛：eyelash

④ 皱纹：wrinkle

⑤ 倔强：unyielding

⑥ 擅长：be good at

⑦ 漫步：to stroll

⑧ 随从：retinue

了一棵小树外，没有其他景物，画面完全以牛为主角。通过画家的画笔，它们不仅是画儿中的走兽，更是内心世界丰富的生命。五头牛中的每一头既可独立成画、各具神采，又能前后呼应，构成整体。因此，《五牛图》具有极高的艺术价值。

手工体验①

手工制作一　《清明上河图》帆布包绘制

首先购买印有《清明上河图》的帆布包，准备颜料和画笔。《清明上河图》是北宋著名画家张择端的作品，表现了北宋都城汴京的繁华景象。

1

第一步，为图上的桥和河流上色。帆布包选取的是《清明上河图》中虹桥码头区的图案。虹桥是一座没有桥墩的木拱桥。这说明北宋时期的桥梁建筑工艺就已经很厉害了。虹桥下面的河叫汴河，是北宋时期的重要河流之一。

① “手工体验”部分是体演文化教学法的实践与创新，所选的手工制品只是用来演示这种教学法，教师可根据实际教学情况自行安排。

2

第二步，为虹桥下的船和船上的人上色。图上描绘了一艘船到桥前才慌忙收起船帆通过虹桥的画面。船上的人各有分工，有撑竹篙的，有放倒船桅的，等等。

3

第三步，为虹桥上的人物上色。《清明上河图》长5米多，上面画有众多人物。这款帆布包上有摆摊的小贩和形形色色的市民，还有马车和轿子争道的戏剧性场面。

4

最后，待颜料干透，我们就完成绘制了。印有《清明上河图》的帆布包既实用，又彰显了中国画的艺术之美。快动手做一个属于你的《清明上河图》帆布包吧！

第二单元

故宫里的书法

语言学习

第三课

书法之美 ①

课程导入

中国人热爱书法。墨色的浓淡和线条的粗细吸引着无数文人墨客。书法究竟有什么样的魅力？我们一起来了解中国书法的五种基本书体，领略中国书法的艺术之美吧。

教学重点

1.学习核心语素汉字“书”及其相关词语。
2.了解中国书法的五种基本书体。
3.学习句型“S+写得+AP / VP”。

文化知识热身

Sānxī Táng shì Qiánlóng huángdì de shūfáng，zhèli shōucángle sān fú shūfǎ
三希 堂 是 乾隆 皇帝 的书房，这里 收藏了 三幅书法

zuòpǐn ——Wáng Xīzhī de《Kuàixuě Shíqíng Tiè》、Wáng Xiànzhī de《Zhōngqiū
作品——王 羲之的《快雪 时晴 帖》、王 献之的《中秋

Tiè》、Wáng Xún de《Bóyuǎn Tiè》，Qiánlóng huángdì rènwéi tāmen shì shūfǎ
帖》、王 珣 的《伯远 帖》，乾隆 皇帝 认为它们 是书法

zhōng de xīshì zhī bǎo. Gùgōng Bówùyuàn shōucángle dàliàng de shūfǎ
中 的 稀世 之 宝。故宫 博物院 收藏了 大量 的书法

míngzuò, shàng qǐ Xī Jìn, xià dào dāngdài, tāmen dōu jìngjìng de dāi zài
名作， 上 起 西晋，下 到 当代，它们都 静静 地 待 在

nàli, jiànzhèngzhe "Hànzì Wángguó" de qiánshì jīnshēng.
那里，见证 着 "汉字 王国" 的 前世 今生。

核心语素汉字

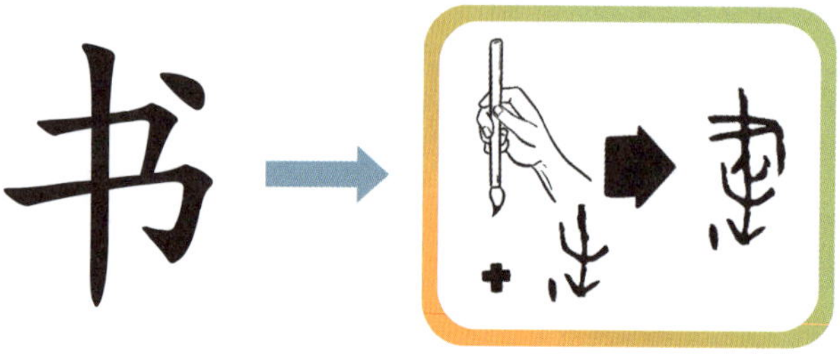

"书"的繁体字"書"传统上被认为是形声字，《说文解字》称其"从聿，者声"，形旁"聿"（甲骨文像手持笔形）表示书写动作，声旁"者"表音。"书"字的明确字形最早出现在金文中。在《说文解字》中，"书"的本义为书写或记录，后引申为"书法""书籍"等。

——出自汉典网

词汇学习

序号	词汇	拼音	词类	英文翻译
1	书法	shūfǎ	名	calligraphy
2	书房	shūfáng	名	study
3	甲骨文	jiǎgǔwén	名	oracle
4	金文	jīnwén	名	bronze inscription
5	楷书	kǎishū	名	regular script
6	书写	shūxiě	动	to write
7	书店	shūdiàn	名	bookstore
8	书架	shūjià	名	bookshelf
9	读书	dúshū	动	to read books
10	图书馆	túshūguǎn	名	library
11	纤细	xiānxì	形	slender, slim
12	圆润	yuánrùn	形	mellow and full
13	篆书	zhuànshū	名	seal script
14	圆起圆收	yuánqǐ-yuánshōu		a calligraphic technique, a stroke starts roundly and ends roundly
15	藏头护尾	cángtóu-hùwěi		a calligraphic technique, to conceal the beginning stroke and maintain the final stroke with a distinct shape
16	隶书	lìshū	名	clerical script
17	一波三折	yībō-sānzhé		a calligraphic technique, a single stroke flows with three subtle turns in
18	蚕头燕尾	cántóu-yànwěi		a characteristic stroke style in clerical script, where the beginning stroke is rounded like a silkworm's head, and the end splits and flares like a swallow's tail.

序号	词汇	拼音	词类	英文翻译
19	横平竖直	héngpíng-shùzhí		horizontal strokes level and vertical strokes straight
20	草书	cǎoshū	名	cursive script
21	龙飞凤舞	lóngfēi-fèngwǔ		like dragons flying and phoenixes dancing, means lively and vigorous in calligraphy
22	行书	xíngshū	名	running script
23	行云流水	xíngyún-liúshuǐ		a metaphor for calligraphy that is smooth, natural, and effortlessly continuous, like clouds drifting and water flowing

课堂练习1

指图说词，两人一组，比比谁说得快。

句型学习

S+写得+AP / VP。（HSK4）

甲骨文主要指商周时代刻写在龟甲兽骨上的占卜记事文字，也指非占卜用骨器上其他性质的文字。其笔画纤细、刚硬，线条多呈直线或尖锐转折。金文是指商周以来铸造或契刻在青铜器上的文字，笔画圆润、厚重，线条多呈曲线。

甲骨文写得纤细，金文写得圆润。

篆书的笔画圆起圆收，藏头护尾，上紧下松，形体匀称，粗细基本一致。其主要用于青铜器、石碑等庄重场合的刻写，所以具有平衡、匀称的美感。

篆书写得圆起圆收、藏头护尾。

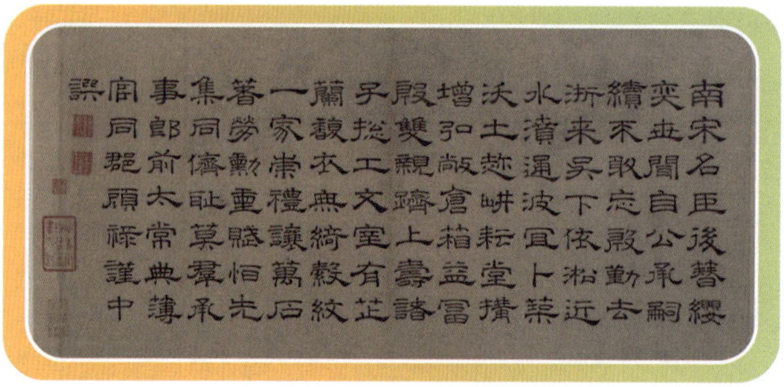

隶书作为篆书的演变形式，书写效率显著提高。“破圆为方”的特点使书写更加便捷，同时形成了独特的艺术风格。其笔画变化丰富，如“一波三折”“蚕头燕尾”等特征，体现了毛笔书写的韵律美与动态美。隶书的出现为后来的楷书、草书和行书奠定了基础。

隶书写得一波三折、蚕头燕尾。

“楷书”的“楷”有楷模、典范的意思。楷书横平竖直，大小一致，方正严谨。幼儿学字时，需将每个字写在方格内，每一笔都讲究间架结构，这样才能书写出工整的楷书。

楷书写得横平竖直。

如果说楷书是书写的典范，体现了法度和规则，那么草书和行书就是对这种规则的突破，更注重书写者的个性表达与情感流露。

草书作为书法艺术中高度自由的表现形式，结构简约，笔画连绵，书写流畅且富有动感，其独特魅力给人以“龙飞凤舞”的视觉感受。

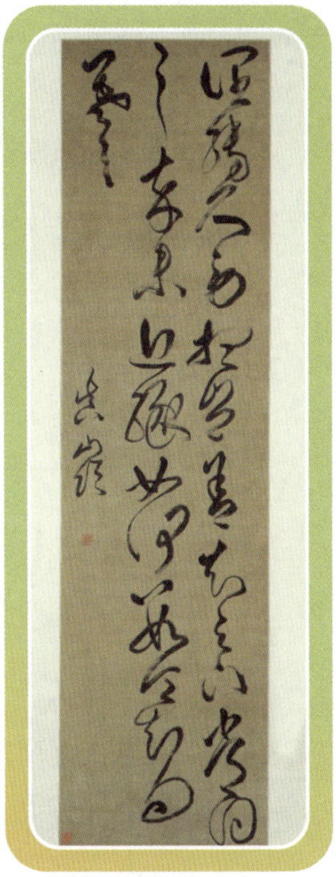

草书写得龙飞凤舞。

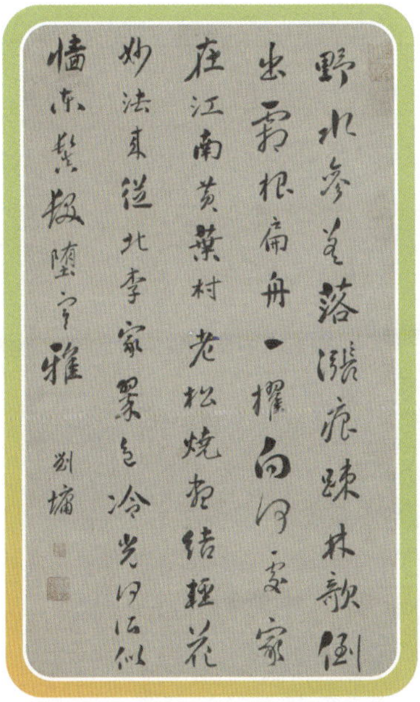

行书是介于楷书和草书之间的书体，既有楷书的规整，又具草书的流畅。行书的书写过程是一种艺术创作，书写者的个性与情感会通过笔墨表现出来，给人一种综合了视觉与动觉的艺术体验。

行书写得行云流水。

课堂练习2

1 选择合适的词语填空。

（1）故宫里收藏着很多________________作品，它们是中国文化的瑰宝。（书写　书法）

（2）小明的字________________，写得工工整整。（龙飞凤舞　横平竖直）

（3）他的书法________________有力。（纤细　圆润）

（4）我最喜欢晚上躺在床上，安安静静地________________。（行书　读书）

（5）“三希堂”是乾隆皇帝的____________，虽然名气很大，但面积只有约8平方米。（书房　图书馆）

（6）文渊阁是故宫的藏书楼，里面摆着一排排整齐的________________。（书店　书架）

（7）中国孩子刚学习写字时，写的就是________________。（楷书　行书）

（8）篆书庄重、严肃，所以书写节奏较慢；________________简化了结构，所以书写效率有所提升。（书法　隶书）

2 请把左边的词语和右边的对应意思连线。

（1）纤细	写字的笔法曲折多变。
（2）圆润	自然流畅，像飘浮的云和流动的水。
（3）平衡	细致整齐；不潦草。
（4）匀称	书法笔势有力，灵活舒展，像龙凤飞舞。
（5）工整	非常细。
（6）龙飞凤舞	平稳，均衡。
（7）行云流水	饱满而润泽。
（8）一波三折	均匀相称，比例和谐。

课堂练习3

1 你能说出下面的书法作品是哪种书体吗？请用句型“S+写得+AP / VP”写出你的判断标准。

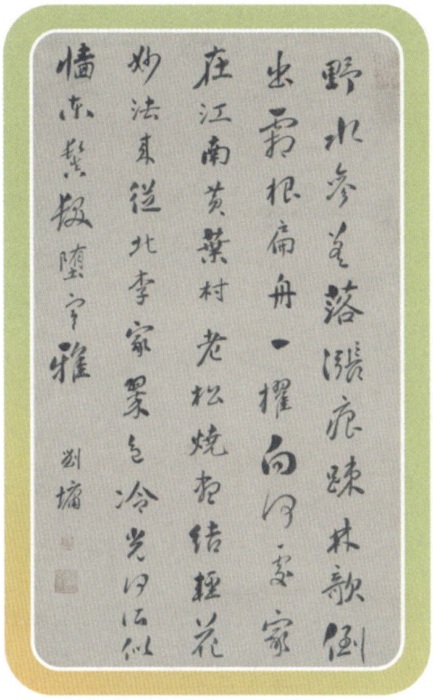

〔清〕刘墉《行书诗》

（1）这幅作品是____________________，因为它写得____________________。

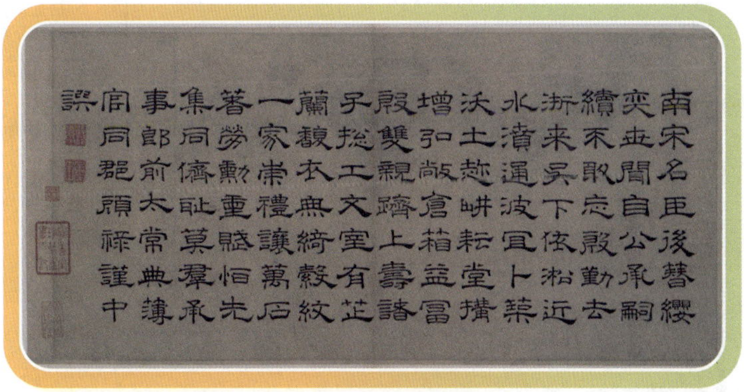

〔元〕顾禄《诗帖》

（2）这幅作品是____________________，因为它写得____________________。

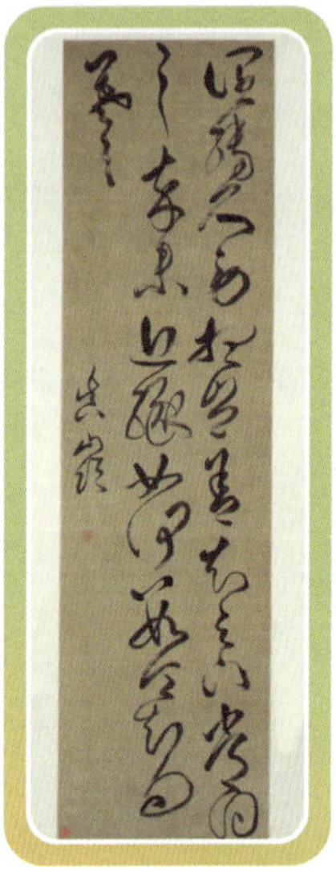

〔清〕傅山《草书临帖》

（3）这幅作品是________________________，

因为它写得________________________。

（4）这幅作品是________________________，

因为它写得________________________。

马衡《七言联》

〔清〕钱沣《七言联》

（5）这幅作品是________________________，

因为它写得________________________。

❷ 根据图片，请使用句型“S+V得+AP / VP”回答下列问题。

（1）

A：为什么说猎豹是陆地上的短跑冠军？

B：________________________________。

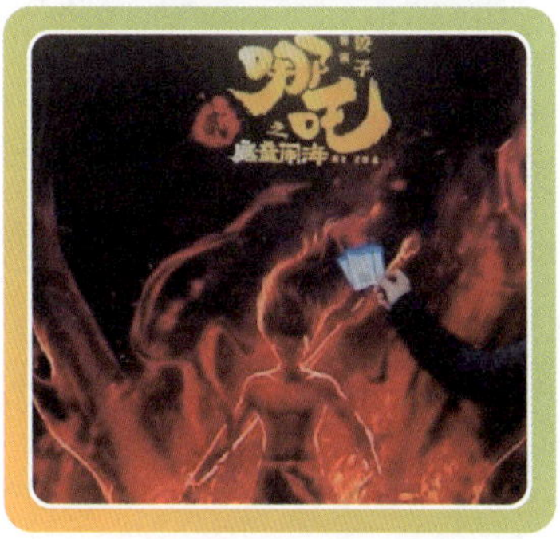

（2）

A：这部电影好看吗？

B：肯定很好看，你看，________________。

（3）

A：为什么她得到了夸奖？

B：________________________________。

（4）

A：我们为什么不能去外面玩？

B：因为________________，出去会被淋湿的。

第四课

书法之美 ②

课程导入

书法承载着中华民族独特的审美情趣与精神内核。欣赏书法、学习书法和研究书法是对中国传统文化的深度探索。让我们一起来了解中国的书法精神吧！

教学重点

1.复习核心语素汉字“书”及其相关词语，并会使用句型“S+写得+AP / VP”表达。
2.学习课文，了解中国的情境书法与书法精神。

复习操练

1 看图说词。

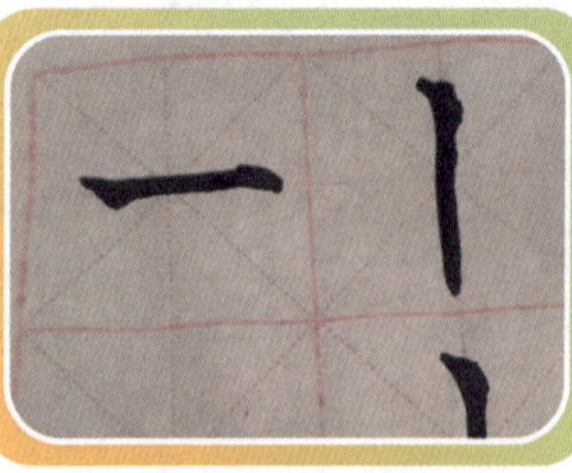

❷ 中国人的生活中处处有书法，你能看出下面图片上的汉字是什么书体吗？请用句型“S+写得+AP / VP”说一说你的理由。

（1）________________

（2）________________

（3）________________

词汇学习

序号	词汇	拼音	词类	英文翻译
1	百福图	Bǎi Fú Tú	专名	a picture of one hundred Chinese characters of “fu” in different calligraphy fonts
2	津津有味	jīnjīn-yǒuwèi		with great relish
3	明明	míngmíng	副	obviously
4	一致	yízhì	形	unanimous, identical
5	发展	fāzhǎn	动	to develop

序号	词汇	拼音	词类	英文翻译
6	反映	fǎnyìng	动	to reflect
7	心情	xīnqíng	名	mood
8	行草	xíngcǎo	名	semi-cursive script
9	狂草	kuángcǎo	名	wild cursive script

表达练习1

1 你知道《百福图》（局部）上所圈出的"福"字是什么书体吗？请把答案写下来。

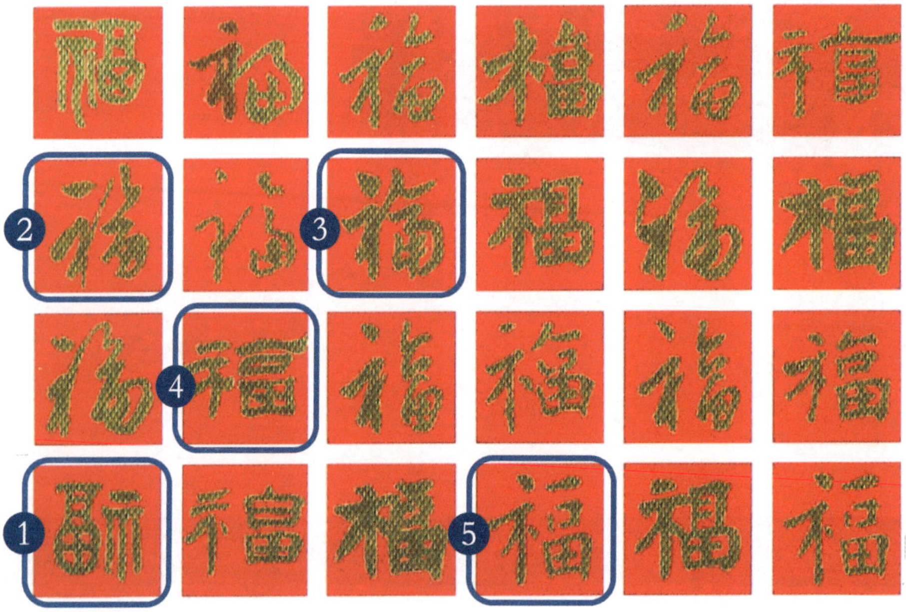

（1）________________

（2）________________

（3）________________

（4）________________

（5）________________

2 书法早已进入中国人的生活，你能理解下面这些书法类型吗？请把不同类型的书法编号填到表格里。

（1）

（2）

（5）

（3）

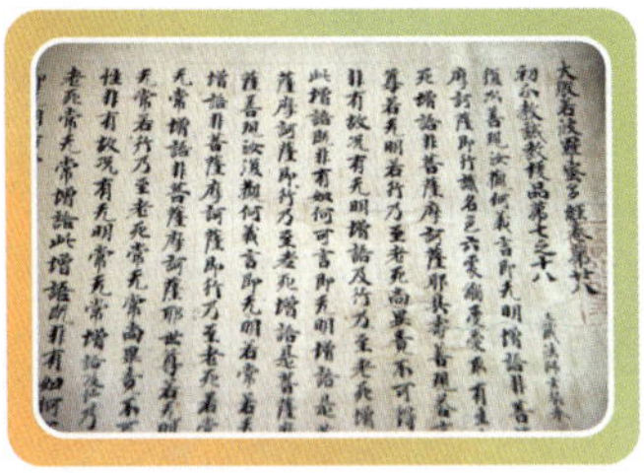

（4）

春联书法	过春节时，每家每户都要在门前贴上用中国书法书写的对联，期盼新的一年如意吉祥。春联书法既是文字，也是中国人的生活。	
园林书法	园林书法既实用，又具观赏性，可以标识园林空间主题，为园林增加趣味，展现园林主人的情怀。园林书法既是文字，也是园林的装饰。	
景观书法	书法与景观相互成就，景观承载书法，书法赋予景观灵气。景观书法既是文字，也是景观的点睛之笔，让景观更具生命力。	
经文书法	从古至今，高僧和书法家常以书法抄写佛经，在笔墨间感悟修行、抒发情怀。经文书法既是文字，也是信仰的外化。	
摩崖石刻书法	书法家在山崖石壁上刻写文字，形成摩崖石刻。书法墨迹与岩纹相映成趣，恰似自然与人共书妙笔，浑然天成。	

课文学习

听对话，回答问题：

（1）玛丽正在做什么呢？

（2）这幅作品为什么叫《百福图》？

（3）中国书法的五种基本书体分别是什么？

（4）玛丽对草书的看法是什么？

（5）除了五种基本书体，《百福图》上还有哪些书体？

Mǎlì, zhè shì shénme? Nǐ kàn de zhème jīnjīn-yǒuwèi.

大卫：玛丽，这是什么？你看得这么津津有味。

Zhè shì yì fú shūfǎ zuòpǐn.

玛丽：这是一幅书法作品。

Shàngmiàn xiězhe shénme?

大卫：上面写着什么？

Zhè fú zuòpǐn zhǐyǒu yí gè zì, nǐ cāicai kàn, shì shénme?

玛丽：这幅作品只有一个字，你猜猜看，是什么？

Yí gè zì? Shàngmiàn de zì míngmíng bù yíyàng.

大卫：一个字？上面的字明明不一样。

Zhè fú zuòpǐn jiào 《Bǎi Fú Tú》, yǒu yì bǎi gè bù tóng xiěfǎ de "fú" zì.

玛丽：这幅作品叫《百福图》，有一百个不同写法的“福”字。①

"Fú" zì? Nǐ gěi wǒ jiǎng yi jiǎng ba.

大卫（仔细看）：“福”字？你给我讲一讲吧。

---

① 故宫博物院藏的清代《百福图》文物，多数是通过多种书体与装饰组合象征“百福”，而非严格意义上的一百种完全独立的“福”字书体。

Zhè shì kǎishū, xiě de héngpíng-shùzhí, hěn gōngzhěng. Xiǎo-

玛丽： 这是楷书，写得横平竖直，很工整。小

háizi xuéxí xiězì jiù cóng kǎishū kāishǐ.

孩子学习写字就从楷书开始。

Zhège ne?

大卫： 这个呢？

Zhè shì zhuànshū, zhuànshū xiě de yuánqǐ-yuánshōu, cángtóu-hùwěi,

玛丽： 这是篆书，篆书写得圆起圆收，藏头护尾，

bǐhuà de cūxì jīběn yízhì, suǒyǐ zhuànshū yǒu yì zhǒng yúnchèn

笔画的粗细基本一致，所以篆书有一种匀称

de měigǎn.

的美感。

Zhège ne?

大卫： 这个呢？

Zhè shì lìshū, lìshū shì zhuànshū zhīhòu fāzhǎn chū de shūtǐ, bǐ

玛丽： 这是隶书，隶书是篆书之后发展出的书体，比

zhuànshū xiě de kuài, bǐhuà píngzhí, hénghuà jiǎngjiu "yìbō-

篆书写得快，笔画平直，横画讲究“一波

-sānzhé" de yùnbǐ jiézòu. Shūfǎjiā shuō lìshū xiě de cántóu-yànwěi.

三折”的运笔节奏。书法家说隶书写得蚕头燕尾。

Wǒ juéde zhège "fú" zì gèng hǎokàn.

大卫： 我觉得这个“福”字更好看。

Zhè shì xíngshū, xiě de xíngyún-liúshuǐ, nénggòu fǎnyìng chū shūfǎjiā

玛丽： 这是行书，写得行云流水，能够反映出书法家

de xīnqíng.

的心情。

Hāha, xíngshū duì wǒ bǐjiào héshì. Wǒ de zì jiù fǎnyìngle

大卫： 哈哈，行书对我比较合适。我的字就反映了

wǒ de xīnqíng.

我的心情。

Wǒ kàn nǐ de zì jiào cǎoshū gèng héshì.
玛丽： 我看你的字叫草书更合适。

Nǐ kàn, wǒ xiě de zì míngmíng shì xíngshū.
大卫： 你看，我写的字明明是行书。

Hǎole, hé nǐ kāi wánxiào ne. Cǎoshū jì shì shūfǎ, yòu shì yì fú huàr, xiě de lóngfēi-fèngwǔ, zuì jù yìshùxìng.
玛丽： 好了，和你开玩笑呢。草书既是书法，又是一幅画儿，写得龙飞凤舞，最具艺术性。

Cǎoshū wǒ shízài xīnshǎngbuliǎo. Qítā "fú" zì shì shénme shūtǐ ne?
大卫： 草书我实在欣赏不了。其他"福"字是什么书体呢？

Zhuànshū、lìshū、kǎishū、xíngshū、cǎoshū shì wǔ zhǒng jīběn shūtǐ, hái yǒu jiǎgǔwén、jīnwén děng.
玛丽： 篆书、隶书、楷书、行书、草书是五种基本书体，还有甲骨文、金文等。

Méi xiǎngdào "fú" zì yǒu zhème duō zhǒng xiěfǎ.
大卫： 没想到"福"字有这么多种写法。

表达练习2

1 判断下面的句子是否符合课文的意思，对的画"√"，错的画"×"。

（1）玛丽正在写书法呢。（　）

（2）玛丽正在读关于书法的文章。（　）

（3）书法作品上的"福"字是由不同的书体写成的。（　）

（4）行书能反映书法家的心情。（　）

（5）大卫觉得草书的行草或狂草很有艺术性。（　）

（6）隶书比篆书写得慢。（　）

❷ 根据课文内容，请用句型“S+写得+AP / VP”完成下列对话。

（1）

A：篆书有什么特点？

B：____。

（2）

A：篆书和隶书有什么不同？

B：____。

（3）

A：大卫觉得哪种书体的“福”字比较适合他，为什么？

B：____。

（4）

A：大卫欣赏不了的书体是哪种？

B：____。

（5）

A：中国的小孩儿学习写字为什么从楷书开始？

B：____。

❸ 根据课文的例句完成句子。

- 上面的字明明不一样。
- 我写的字明明是行书。

第一句话的意思是上面的字明明是不一样的，却被玛丽说成同一个字。第二句话的意思是大卫认为自己写的字明明是行书，却被玛丽说成草书。

“明明”是副词。“明明”的前后常有表示转折或反问的分句，引出意料之外或令人不解的情况。

（1）

这____________________，你怎么说是鹿呢？

（2）

她____________________，怎么还在看电视呢？

（3）

现在__________________________________，

这个男孩儿为什么穿得这么少？

（4）

________________________，为什么钱都不见了？

（5）

____________________，

可她还要去工作。

4 请根据句意，完成下列句子。

行云流水	不太流利	难吃	非常好	不开心
不太好	很开心	龙飞凤舞	很流利	好吃

例如：这雨明明下得____很大____，你为什么说____很小呢____？

（1）刘墉的行书明明写得____________，可他却说写得____________。

（2）今天妈妈的饭明明做得____________，可爸爸却说____________。

（3）玛丽的汉语明明说得____________，可她却谦虚地说____________。

（4）王红今天去公园，明明玩得____________，可她却说自己____________。

（5）大卫明明考得____________，可他却以为自己考得____________。

表达练习3

请同学们写一幅书法作品，并用句型“S+写得+AP / VP”说一下你所写的书体，与其他书体对比区别，同时分享一下你最喜爱的书体及原因。

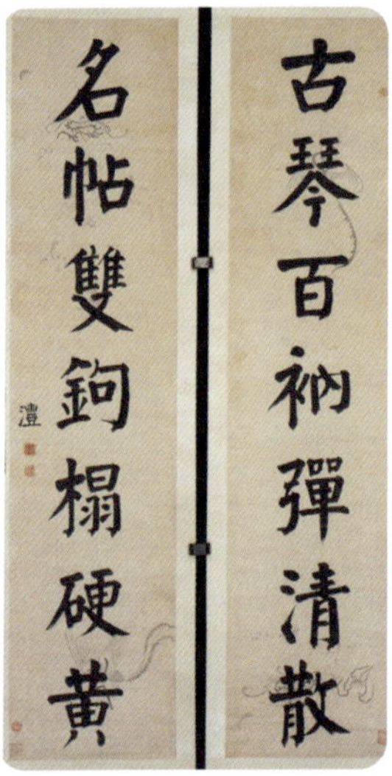
古琴百衲彈清散
名帖雙鉤搨硬黄

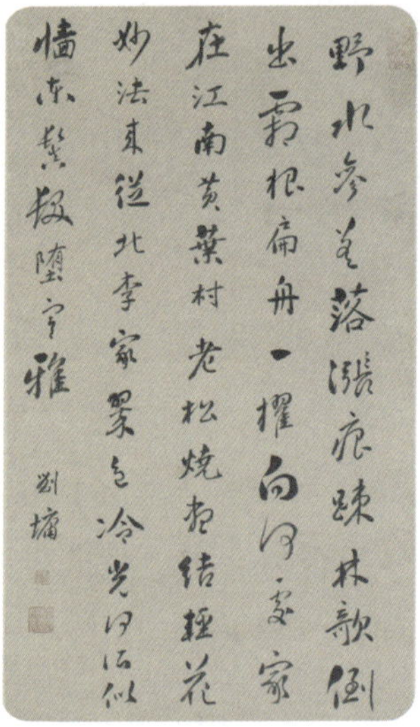

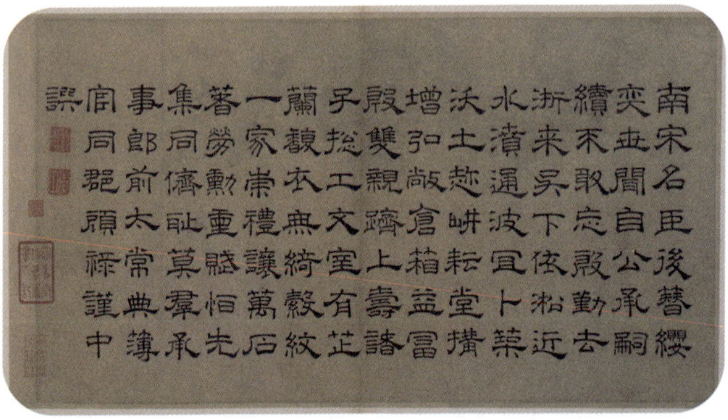

文化知识

阅读材料二

故宫里的书法

请阅读本文，回答下面的问题。

1. 中国人说的“字如其人”是什么意思？
2. 柳公权的书法体现了他的什么品格？
3. 张旭的狂草为什么写得龙飞凤舞？
4. 哪部作品被称为“天下第一行书”？

中国书法体现的不只是单纯的汉字书写技巧，而是从书写过程、文字内容到线条形态，均可见书法家的人品(rénpǐn)[①]修养、情感状态与个性气质。“字如其人(zì rú qí rén)”[②]正是这个道理。因此，现代人欣赏书法作品时，除了欣赏书法本身，还要细细品味(pǐnwèi)[③]书法的文化价值和书法家的人格魅力(réngé mèilì)[④]。

楷书因书写平直、工整，字形成为楷模(kǎimó)[⑤]。晚唐书法大家柳公权的楷书以刚劲有力、结构严谨(yánjǐn)[⑥]著称，故宫博物院藏有其《玄秘塔碑》宋拓本等。柳公权早年任地方小官，40多岁时，唐穆宗偶然见到他的书法作品，赞叹不

---

① 人品：moral quality
② 字如其人：the writing style is like the person moral quality
③ 品味：to taste, to feel
④ 人格魅力：personality charm
⑤ 楷模：good example
⑥ 严谨：preciseness

已，将其调入长安任职。唐穆宗曾问他用笔之法，柳公权以“用笔在心，心正则笔正”作答，借书法之理委婉劝告（quàngào）[1]皇帝治国要公正，史称“笔谏（bǐjiàn）”[2]。

柳公权

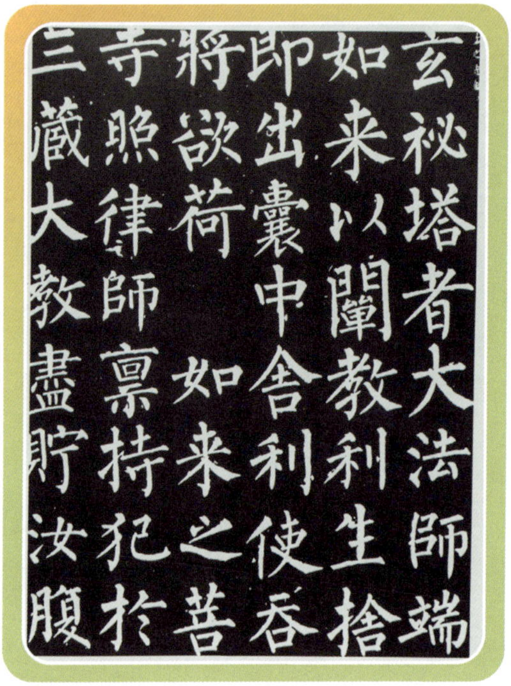

〔唐〕柳公权《玄秘塔碑》（楷书）

狂草笔意奔放（bēnfàng）[3]、简约（jiǎnyuē）[4]，虽龙飞凤舞却不失笔法规则。唐代张旭是狂草大家，开创了独特的草书风格。传说他嗜酒，大醉后奔走挥毫疾书，甚至以发蘸（zhàn）[5]墨书写，因此被称为“张颠”。然而，张旭的书法成就并非源于醉后创作，而是因其善于观察世间万物。故宫博物院藏有张旭的狂草代表作《古诗四帖》等，他在继承传统的基础上大胆创新，最终将狂草艺术推向盛唐书法巅峰。

---

① 劝告：to exhort, to admonish

② 笔谏：admonition with writing

③ 奔放：unrestrained and bold

④ 简约：simple

⑤ 蘸：to dip（in ink）

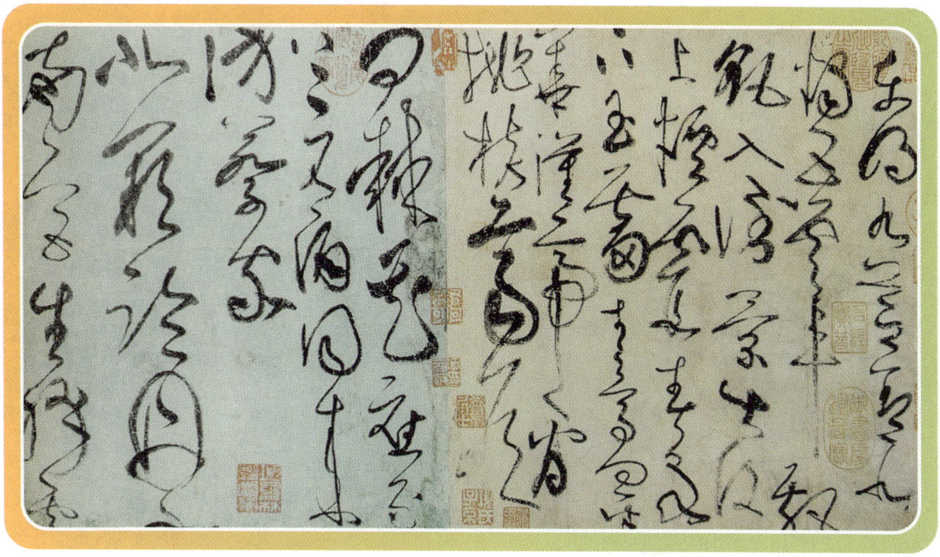

〔唐〕张旭《古诗四帖》（狂草）

故宫博物院还藏有王羲之(Wáng Xīzhī)[1]《兰亭集序》的唐冯承素摹本。“书圣”王羲之的《兰亭集序》被称为“天下第一行书”，可以说是字如其人，文如其人。其书法行云流水、刚柔并济，深受魏晋(Wèi Jìn)[2]文人喜爱，成为自由精神的寄托。2022年10月12日，执行国际空间站(guójì kōngjiānzhàn)[3]任务的意大利女航天员萨曼莎·克里斯托弗雷蒂（Samantha Cristoforetti）在社交媒体(shèjiāo méitǐ)[4]上用中文写下《兰亭集序》的名句“仰观宇宙之大，俯察品类之盛，所以游目骋怀，足以极视听之娱，信可乐也”，并配上了意大利语和英语的译文（Looking up, we can observe the immensity of the universe; looking down, we can examine the great multiplicity of nature. Thus, our eyes can wander and our minds can roam, and we can fully enjoy the pleasures of sight and sound. Truly, this is a great source of joy）。如果王羲之知道自己的感叹借书法穿越到了遥远的太空，跨越了不同的语言，会是多么欣慰啊！

---

① 王羲之：a great calligrapher in Wei and Jin Dynasties

② 魏晋：Wei and Jin Dynasties

③ 国际空间站：ISS（International Space Station）

④ 社交媒体：social media

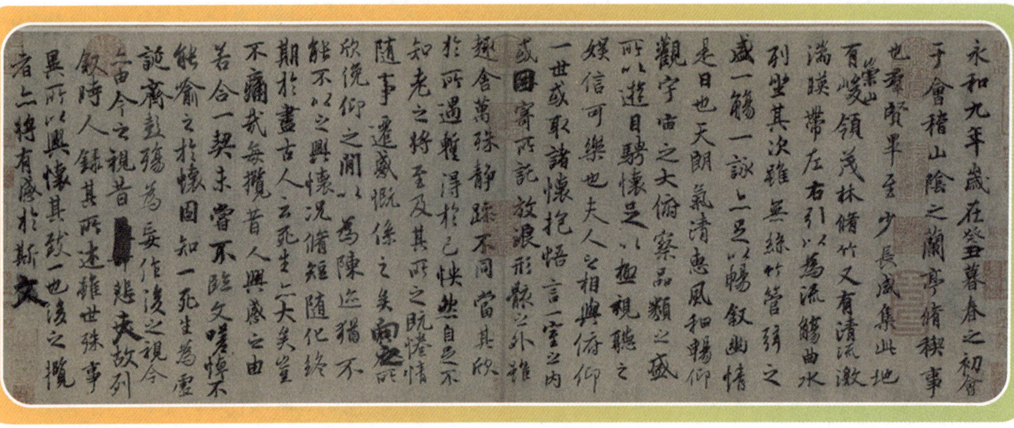

王羲之《兰亭集序》的唐代冯承素摹本（行书）

王羲之

中国书法可以说是“一书一世界，一笔一精神”，是有形文字与无形情感的交融。书法之美、精神之美、性情之美汇聚，跨越国界，跨越时空，各美其美，美美与共。

手工体验

手工制作二　《百福图》绘制

首先购买《百福图》材料包，内含红色格子卡纸、相框和金色笔。《百福图》是由一百种不同写法的“福”字印制而成的书法作品。节日书写《百福图》，希望能带来福气。

1

每个红色格子均有一个“福”字，包含甲骨文、篆书、隶书、楷书、行书、草书等多种书体。

2

然后，用带金粉的笔描“福”字，感受它所承载的中国人对幸福的期盼。左上角第一个“福”字的书体是小篆，它的字形上紧下松，笔画圆润流畅，粗细基本一致。

3

处于正中的这个“福”字是行书。行书是在楷书的基础上发展起来的，介于楷书和草书之间，书写便捷。

4

最后，把写好的《百福图》放入相框，就制作完成了。《百福图》汇集多种书体的“福”字，既体现了汉字文化及其历史演变，又凸显了中国书法之美。

第三单元

故宫里的瓷器

语言学习

第五课

为什么叫“瓷母”①

课程导入

北京故宫里有一个陶瓷馆。大家知道陶瓷馆里展出了多少件瓷器吗？哪件瓷器可以说是“镇馆之宝”呢？让我们一起来了解中国的瓷器吧！

教学重点

1.学习核心语素汉字“瓷”及其相关词语。
2.了解北京故宫的“瓷母”及中国名瓷。
3.学习句型“不是……，而是……”。

文化知识热身

Běijīng Gùgōng Bówùyuàn de Táocí Guǎn chǎngqī duì gōngzhòng kāifàng.
北京故宫博物院的陶瓷馆长期对公众开放。

Táocí Guǎn de zhǎnpǐn shùliàng cóng yú jiàn (tào) zēngjiā dào
陶瓷馆的展品数量从400余件（套）增加到1000

yú jiàn (tào), ànzhào niándài hé lèibié huàfēn wéi gè zhǔtí, zhǎnpǐn
余件（套），按照年代和类别划分为17个主题，展品

niándài cóng Xīnshíqì shídài dào Mínguó shíqī, fǎnyìngle Zhōngguó
年代 从 新石器 时代 到 民国 时期[1]，反映了 中国

táocí de fāzhǎn lìshǐ.
陶瓷的 发展 历史。

核心语素汉字

“瓷”是形声字，从瓦，次声。“瓦”字在古代与陶器、瓷器等相关，表明“瓷”的本义是指用高岭土等烧制而成的一种质地坚硬、表面有光泽的材料或用这种材料制成的器皿，即瓷器。后来也用来形容人或物的质地细腻、光滑，如“瓷娃娃”“瓷实”等。

——出自汉典网[2]

① 民国时期是指从1912年到1949年9月这段时间。

② 先秦时期未见“瓷”字，但已有其异体字“甆”。该字普遍使用于汉代，载于《说文解字》。“瓷”字最早见于唐代文献（如杜甫诗《又于韦处乞大邑瓷碗》），经隶变后字形与现代楷书一致。

词汇学习

序号	词汇	拼音	词类	英文翻译
1	瓷母	Címǔ	专名	Supreme Ceramic Masterpiece
2	陶瓷馆	Táocí Guǎn	专名	the museum of ceramics
3	瓷器	cíqì	名	porcelain
4	镇馆之宝	zhèn guǎn zhī bǎo		the treasure of the museum
5	珐琅彩瓷	Fàláng Cǎicí	专名	Enamel Painted Porcelain
6	窑变钧瓷	Yáobiàn Jūncí	专名	Kiln-transformation Jun Porcelain
7	天青汝瓷	Tiānqīng Rǔcí	专名	Sky-blue Ru Porcelain
8	青花瓷	Qīnghuā Cí	专名	Blue-and-white Porcelain
9	斗彩瓷	Dòucǎi Cí	专名	Combined-color Porcelain
10	名窑	míng yáo		famous kiln

课堂练习1

指图说词，两人一组，比比谁说得快。

句型学习

不是……，而是……。（HSK4）

故宫陶瓷馆中，素有“瓷母”美称的清乾隆“各种釉彩大瓶”可以说是“镇馆之宝”。这件烧制于景德镇的瓷器珍品，高86.4厘米，融合了15种釉彩工艺，涵盖高温、中温、低温三大烧成体系，代表中国古代制瓷技术的巅峰。其工艺复杂性体现在7次入窑复烧、12层装饰纹样等细节之中。[1]

A：“瓷母”是14种釉彩工艺吗？
B：“瓷母”不是14种釉彩工艺，而是15种。

天青汝瓷居宋代“五大名窑”瓷器之首。据明代《宣德鼎彝谱》等文献记载，五代后周世宗曾命人烧制瓷器，釉色须如雨后天晴的天空。汝窑天青釉技术成熟于北宋晚期，其天青色极难调制——汝窑烧制天青色瓷器时，玛瑙是重要配料。可惜北宋很快就灭亡了，天青汝瓷仅存世数十年。这类瓷器在全世界不足百件。

A：天青汝瓷是唐代的吗？
B：天青汝瓷不是唐代的，而是宋代的。

① 出自故宫出版社2021年出版的《故宫陶瓷馆：卷四 · 清及民国》。

窑变钧瓷由宋代“五大名窑”之一的钧窑烧制。钧瓷有“一窑入色，出窑万彩”之说，即入窑前仅一种釉色，烧制后却能呈现出千变万化的色彩。钧瓷对烧制温度要求极严，以红色钧瓷为例，需将温度精准控制在1250度到1280度之间，只有在这30度的区间内，釉色才能呈现出红色。温度过高，红色就会掉色；温度过低，釉色又会发黑。

A：窑变钧瓷是一种颜色吗？
B：窑变钧瓷不是一种颜色，而是多种颜色。

成熟的青花瓷烧制工艺始于元代江西景德镇。蓝白相映，辅以精湛的绘画技艺，共同成就这一精巧的制瓷工艺。作为中国文化的代表性器物之一，青花瓷后来传到了欧洲。到了清代，青花瓷已能呈现出八九种不同层次的蓝色，可以近乎完美地展现出中国水墨画的意境。

A：青花瓷是白色的吗？
B：青花瓷不是白色的，而是白色和蓝色的。

斗彩瓷创烧于明代成化年间，其独特之处在于将釉下青花与釉上彩绘巧妙结合，工艺繁复。制作时，首先将瓷器置于1300度的高温窑中烧制出釉下青花，然后在瓷器表面精心绘制彩色图案，再以800到850度的温度进行第二次烧制，使釉上彩绘完美呈现。“斗彩”之名，源于釉下青花与釉上彩绘争奇斗艳的艺术效果。斗彩瓷是瓷器中的顶级珍品。2014年，一件明代成化斗彩鸡缸杯在香港苏富比拍卖会上以2.8亿港元的天价成交。

A：明代的斗彩瓷贵吗？

B：明代的斗彩瓷不是一般的贵，而是非常贵。

珐琅彩瓷创烧于清代康熙年间。康熙皇帝对欧洲的医学、宗教、天文、地理和艺术都有浓厚的兴趣，他命工匠将欧洲画珐琅的技艺从铜器移植到了瓷器上，开创了独特的珐琅彩瓷工艺。

A：珐琅彩瓷的技艺是从欧洲传入的吗？

B：珐琅彩瓷的技艺不是从欧洲传入的，而是借鉴了欧洲画珐琅的技艺。

课堂练习2

1 选择合适的词语填空。

（1）故宫的陶瓷馆里有很多______。（瓷母　瓷器）

（2）“一窑入色，出窑万彩”说的是______。（窑变钧瓷　斗彩瓷）

（3）清代康熙帝命工匠开创了______工艺。（斗彩瓷　珐琅彩瓷）

（4）______烧制于明代的成化年间。（斗彩瓷　珐琅彩瓷）

（5）清乾隆“各种釉彩大瓶”，又名______，是故宫陶瓷馆的镇馆之宝。（瓷母　青花瓷）

（6）______是宋代“五大名窑”中的第一名。（窑变钧瓷　天青汝瓷）

（7）______借鉴了欧洲画珐琅的技艺。（珐琅彩瓷　窑变钧瓷）

（8）同时拥有釉下青花和釉上五彩的瓷器叫作______。（天青汝瓷　斗彩瓷）

2 请猜一猜这些词语的意思，并完成下列句子。

奋斗	色彩	青春	变化
瓷实	变成	光彩照人	器官

（1）天上的云彩______得真快，刚才还像兔子，不一会儿又变成小狗了。

（2）无论做什么事情，只有努力______，才有可能成功。

（3）如果你想保持______活力，就得经常锻炼。

（4）因为经常有人踩踏，地面的泥土变得非常______。

（5）小丽穿了一套______鲜艳的连衣裙。

（6）这里从前是一个小渔村，现在______了现代化的都市。

（7）大脑是人体最为重要且复杂的__________。

（8）今天的演出非常成功，她在舞台上显得__________。

课堂练习3

1 请写出下列图片的对应词语，然后使用句型“不是……，而是……”回答问题。

（1）

（2）

（3）

（4）

（5）

（6）

回答问题：

（7）“瓷母”是14种釉彩工艺吗？

（8）天青汝瓷是唐代的瓷器吗？

（9）窑变钧瓷是一种颜色吗？

（10）青花瓷是白色的吗？

（11）明代的斗彩瓷贵吗？

（12）珐琅彩瓷的技艺是从欧洲传入的吗？

❷ 根据图片，请使用句型“不是……，而是……”回答下列问题。

（1）

A：《功夫熊猫》是中国拍的电影吗？

B：________________________________

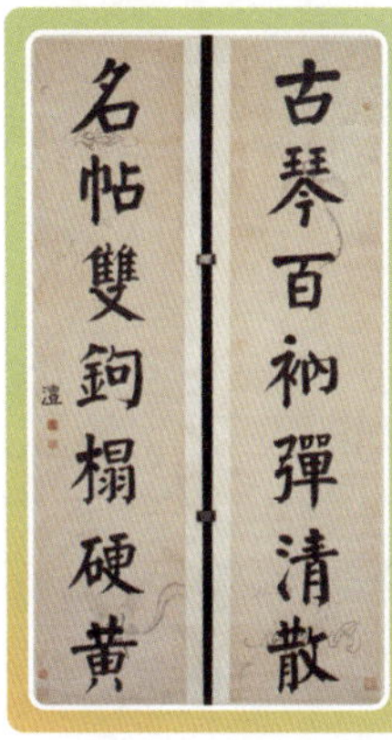

（2）

A：这是隶书吗？

B：________________________________

（3）

A：乾清宫是皇后居住的地方吗？

B：________________________________

（4）

A：明熹宗的爱好是斗蛐蛐儿吗？

B：________________________________？

第六课

为什么叫“瓷母”②

课程导入

中国瓷器品类丰富，常随历史发展而演变。下面，让我们一起来揭开“瓷母”得名的谜底吧。

教学重点

1.复习核心语素汉字“瓷”及其相关词语，并会使用句型“不是……，而是……”表达。
2.学习课文，进一步了解什么是“瓷母”。

复习操练

1 看图说词。

2 两人一组，使用句型“不是……，而是……”回答下列问题。

（1）天青汝瓷是清代的瓷器吗？

（2）青花瓷是白色的吗？

（3）“瓷母”是明代烧制的吗？

（4）“瓷母”是14种釉彩工艺吗？

（5）珐琅彩瓷的技艺是从欧洲传入的吗？

（6）明代的斗彩瓷贵吗？

词汇学习

序号	词汇	拼音	词类	英文翻译
1	汝窑	Rǔ Yáo	专名	Ru kilns of Song Dynasty
2	官窑	Guān Yáo	专名	Guan kilns of Song Dynasty
3	哥窑	Gē Yáo	专名	Ge kilns of Song Dynasty
4	钧窑	Jūn Yáo	专名	Jun kilns of Song Dynasty
5	定窑	Dìng Yáo	专名	Ding kilns of Song Dynasty
6	釉彩	yòucǎi	名	glaze color
7	的确	díquè	副	indeed, really
8	单色	dānsè	名	monochrome
9	十窑九不成	shí yáo jiǔ bù chéng		nine out of ten kilns fail to produce satisfactory results
10	欧洲人	Ōuzhōurén	名	European

表达练习1

1 请找出下列图片的对应词语，并把答案写下来。

汝窑　　官窑　　哥窑　　钧窑　　定窑

（1）

（2）

（3）

（4）

（5）

（6）

2 请根据学过的瓷器名称，写出“瓷母”上箭头所指的釉彩名称。

（1）____________

（2）____________

（3）____________

（4）____________

（5）____________

（6）____________

（7）____________

课文学习

听对话，回答问题：

（1）北京故宫陶瓷馆的镇馆之宝叫什么？

（2）中国的“五大名窑”是什么？

（3）“五大名窑”是中国哪个朝代的？

（4）天青瓷是哪个窑烧制的？

（5）大卫在对话中说错了几次？

Mǎlì, wǒ zuótiān qù Běijīng Gùgōng de Táocí Guǎn le. Kàndàole

大卫：玛丽，我昨天去北京故宫的陶瓷馆了。看到了

Táocí Guǎn de zhèn guǎn zhī bǎo.

陶瓷馆的镇馆之宝。

Zhēn de?! Nà wǒ yào kǎokao nǐ. Běijīng Gùgōng Táocí Guǎn de

玛丽：真的？！那我要考考你。北京故宫陶瓷馆的

zhèn guǎn zhī bǎo jiào shénme?

镇馆之宝叫什么？

Jiào “Gèzhǒng Yòucǎi Dàpíng”, rénmen dōu chēng tā wéi

大卫：叫“各种釉彩大瓶”，人们都称它为

“Címǔ”. Tā yígòng yǒu céng, zhǒng yòucǎi gōngyì.

“瓷母”。它一共有16层①，15种釉彩工艺。

“Címǔ” díquè shì zhǒng yòucǎi gōngyì, dàn bú shì céng,

玛丽：“瓷母”的确是15种釉彩工艺，但不是16层，

ér shì céng wénshì shèjì hé céng wùlǐ yòucéng, gòng céng.

而是12层纹饰设计和5层物理釉层，共17层。

Duì, duì. Yào shuō Zhōngguó cíqì, shǒuxiān yào shuō Sòngdài

大卫：对，对。要说中国瓷器，首先要说宋代

① 这里的“层”包括装饰层面的“层”（通过不同釉彩、纹样的组合所形成的视觉分层）和物理层面的“层”（物料的叠加）。

de “Wǔ dà míng yáo”.
的“五大名窑”。

Nà nǐ shuōshuo zhè “Wǔ dà míng yáo” ba?
玛丽： 那你说说这“五大名窑”吧？

Rǔ Yáo、Guān Yáo、Gē Yáo、Jūn Yáo、Dìng Yáo. Kànkan zhè Tángdài de Tiānqīng Rǔcí duō piàoliang ya! Zhè dānsè de Yáobiàn Jūncí tīngshuō shì “shí yáo jiǔ bù chéng”.
大卫： 汝窑、官窑、哥窑、钧窑、定窑。看看这唐代的天青汝瓷多漂亮呀！这单色的窑变钧瓷听说是“十窑九不成”。

Tiānqīng Rǔcí díquè hěn piàoliang, dàn Tiānqīng Rǔcí bú shì Tángdài de, ér shì Sòngdài de. Yáobiàn Jūncí díquè hěn nán shāozhì, dàn tā bú shì yì zhǒng yánsè, ér shì duō zhǒng yánsè.
玛丽： 天青汝瓷的确很漂亮，但天青汝瓷不是唐代的，而是宋代的。窑变钧瓷的确很难烧制，但它不是一种颜色，而是多种颜色。

Āiyā! Wǒ yòu jìcuò le. Míngdài zuì yǒumíng de shì Qīnghuā Cí hé Dòucǎi Cí ba?
大卫： 哎呀！我又记错了。明代最有名的是青花瓷和斗彩瓷吧？

Shì de. Dāngshí, zhè báisè de Qīnghuā Cí shòudào hěn duō Ōuzhōurén de xǐ'ài.
玛丽： 是的。当时，这白色的青花瓷受到很多欧洲人的喜爱。

Bú duì, bú duì. Qīnghuā Cí bú shì báisè de, ér shì báisè hé lánsè de.
大卫： 不对，不对。青花瓷不是白色的，而是白色和蓝色的。

Ò, Qīnghuā Cí díquè shì báisè hé lánsè de.
玛丽： 哦，青花瓷的确是白色和蓝色的。

表达练习2

1 判断下面的句子是否符合课文的意思，对的画“√”，错的画“×”。

（1）“瓷母”一共有15种釉彩工艺。（　　）

（2）天青汝瓷是唐代的精品瓷器。（　　）

（3）“十窑九不成”的意思是烧10次，可能有9次都不成功。（　　）

（4）窑变钧瓷是单色的。（　　）

（5）清代的斗彩瓷很有名。（　　）

（6）古代欧洲人非常喜欢青花瓷。（　　）

2 根据课文内容，请用句型“的确……，但……”完成下列对话。

（1）A：“瓷母”一共16层，15种釉彩工艺。

B：______________________________。

（2）A：这个唐代的天青汝瓷多漂亮呀！

B：______________________________。

（3）A：单色的窑变钧瓷有“十窑九不成”之说。

B：______________________________。

（4）A：这白色的青花瓷受到古代欧洲人的喜爱。

B：______________________________。

（5）A：青花瓷和斗彩瓷是清代最有名的瓷器。

B：______________________________。

3 请根据图片，使用句型“的确……，但……不是……，而是……”完成对话。

（1）

A：听说故宫的历史悠久，有400多年的历史。

B：________________________________。

（2）

A：听说汉字非常难，不少外国人都学不会。

B：________________________________。

（3）

A：听说北京的冬天非常冷，经常下雪。

B：________________________________。

4 游戏：你说我答。学生三人一组，A同学说一句话，B同学和C同学用句型“不是……，而是……”抢答。每人出三道题，出题人可轮流担任。回答得又快又对的人得一分，最后得分多者获胜。

例如：A同学：天青汝瓷是唐代的。

B同学/C同学：天青汝瓷不是唐代的，而是宋代的。

（1）____

（2）____

（3）____

表达练习3

请同学们找一件对你来说非常珍贵的东西，并告诉大家原因。请至少使用一次句型“不是……，而是……”。可以向同学展示PPT或图片。

文化知识

阅读材料三

故宫里的瓷器

请阅读本文，回答下面的问题。

1.现存的北宋盏托有多少件?

2.维多利亚与阿尔伯特博物馆（“Victoria and Albert Museum”，简称“V&A Museum”）的盏托为什么是最有名的?

3.英国人哈里·加纳（Harry Ghana）在哪里发现了这件盏托?

4.天青汝瓷的重要配料是什么?

汝窑瓷器存世极为稀少，全球已知传世品不足百件。北京故宫博物院藏有刻着“寿成殿皇后阁”款识的汝窑瓷器，而维多利亚与阿尔伯特博物馆的北宋汝窑天青釉盏托也刻有“寿成殿”。作为世界顶级博物馆之一，维多利亚与阿尔伯特博物馆的藏品规模仅次于大英博物馆（The British Museum），其馆藏的北宋汝窑天青釉盏托尤为珍贵。这件器物直径16.5厘米，高5.8厘米，是该博物馆收藏的唯一一件汝窑瓷器。

故宫所藏的汝窑盘
（刻有“寿成殿皇后阁”）

这件文物是怎么来的呢？它由英国人哈里·加纳于1970年捐赠。作为空气动力学（kōngqìdònglìxué）[1]专家与著名收藏家（shōucángjiā）[2]，他曾担任东方陶瓷学会会长（1968—1971），研究领域侧重于青花瓷。1971年，他还向大英博物馆捐赠过一件汝窑盏托。目前已知有明确记载的汝窑盏托全世界只有三件，其中以维多利亚与阿尔伯特博物馆收藏的盏托最为知名。这件盏托背面口沿处刻有“寿成殿”三个字，表明其曾为南宋寿成殿使用过的器物——寿成殿是南宋寿成皇后（Shòuchéng huánghòu）[3]的官殿。

哈里·加纳是怎么得到这件盏托的呢？他是从伦敦东部的地摊儿（dìtānr）[4]上买来的，据说只花了3英镑。当时的欧洲人大多喜欢收藏青花瓷和彩瓷，而且都以康熙时期（Kāngxī shíqī）[5]的器物为主，宋瓷不太受欢迎。直到19世纪，欧洲人在奢华（shēhuá）[6]风格之后，开始喜欢极简主义的宋瓷。1883年，维多利亚与阿尔伯特博物馆委托“中国通”斯蒂芬·伍顿·布谢尔（Stephen Wootton Bushell，1844—1908）从北京买了第一件宋瓷标本用于研究。这位中文名叫卜士礼的全才曾就读于伦敦大学的盖伊学院（Guy’s College London），学过法医学、地质学（dìzhìxué）[7]、古生物学（gǔshēngwùxué）[8]和有机化学（yǒujī huàxué）[9]等。1868年，他获得伦敦大学医学博士学位后，赴任英国驻华使馆（Yīngguó zhùhuá shǐguǎn）[10]医师。他在中国居住了32年，精通中文，写了大量关于中国艺术、地理、历史、钱币等方面的论文。1900年，他退休后回到英国，陆续出版了《中国美术》《中国瓷器》等著作。尽管哈里·加纳与卜士礼并无交集，但卜士礼的这些研究成果对哈里·加纳产生了很大的影响。他特别喜欢逛地摊儿，因为他可以说是身怀绝技（shēn huái juéjì）[11]，而地摊儿上的摊主却不太懂，所以他可以在地摊儿上发现宝藏。哈里·加纳就是在逛地摊儿时买到了寿成殿的这件汝窑盏托。

---

① 空气动力学：aerodynamics

② 收藏家：collector

③ 寿成皇后：Empress Shoucheng

④ 地摊儿：street vendors

⑤ 康熙时期：During the Kangxi period. Kangxi emperor is the 4th emperor of the Qing Dynasty.

⑥ 奢华：extravagant, luxury

⑦ 地质学：geology

⑧ 古生物学：paleobiology

⑨ 有机化学：organic chemistry

⑩ 英国驻华使馆：The British Embassy in China

⑪ 身怀绝技：have unique skills

汝瓷创制于北宋，金人(Jīnrén)①南下后，宋室南迁，南方难以满足烧制汝瓷的条件：第一，汝瓷产地的独特瓷土不可替代；第二，复杂的制瓷工艺依赖世代传承；第三，汝瓷已形成一套特有的制瓷工艺体系。这三个条件缺一不可，所以汝瓷从初创到鼎盛不过数十年，便随北宋灭亡(mièwáng)②而失传了。直至现代，汝瓷的烧制工艺才得以逐步恢复。汝瓷贵重的另一个原因是其以玛瑙(mǎnǎo)③为重要配料，得以呈现出独特的天青色——这种色调接近晴空之色，优雅和谐，正如“雨过天青云破处，这般颜色作将来”的诗句所描绘的那样。

---

① 金人：the Jurchen people

② 灭亡：downfall

③ 玛瑙：agate

手工体验

手工制作三　梅瓶绘制

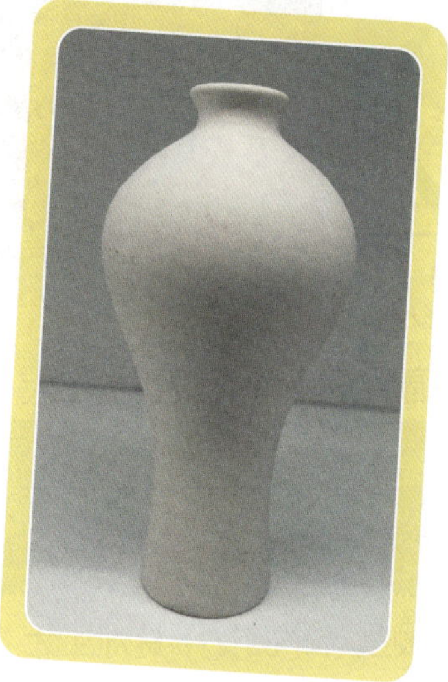

首先购买一个石膏质地的梅瓶模型，准备好画笔和颜料。梅瓶是传统名瓷，瓶式特征为小口、短颈、丰肩、瘦底、圈足，因瓶口狭小仅能插入梅枝而得名。

1

第一步，按照个人喜好为梅瓶模型绘制纹饰。中国的瓷器有很多颜色，例如官窑以粉青、月白为主，钧窑以天青、红紫为主，等等。

2

在纹饰方面，中国瓷器早期多采用简约的弦纹、水波纹、网纹，后逐渐发展出龙凤纹、植物纹等承载寓意的复杂纹样。选择你喜欢的纹样来装饰梅瓶吧。

3

最后，等颜料干透，梅瓶就完成了装饰。插上花，欣赏梅瓶的独特魅力吧。

第四单元

故宫里的金银器

语言学习

第七课

金瓯永固杯 ①

课程导入

一提到金银器，我们就会觉得它们很贵重。那么，故宫里有多少件金银器呢？这些金银器都是用来做什么的？下面我们就一起来了解一下故宫里有名的金银器吧。

教学重点

1.学习核心语素汉字“金”及其相关词语。
2.了解北京故宫里金银器的种类和样式特点。
3.学习句型“除了……，还……”。

文化知识热身

Jīnyínqì zài Zhōngguó de lìshǐ wénwù zhōng zhànyǒu zhòngyào wèizhì,
金银器在中国的历史文物中占有重要位置，

zǎo zài duō nián qián de Shāngcháo jiù yǒule jīnqì. Jīnyínqì
早在3000多年前的商朝就有了金器。金银器

zài gè gè cháodài dōu bèi dàliàng shǐyòng. Běijīng Gùgōng Bówùyuàn
在各个朝代都被大量使用。北京故宫博物院

gòng shōucángle duō jiàn (tào) jīnyínqì. Zhèxiē jīngměi de
共 收藏了 10000 多 件（套） 金银器①。这些 精美 的

jīnyínqì jùyǒu jí gāo de lìshǐ jiàzhí hé yìshù jiàzhí.
金银器具有 极高 的历史价值 和 艺术 价值。

核心语素汉字

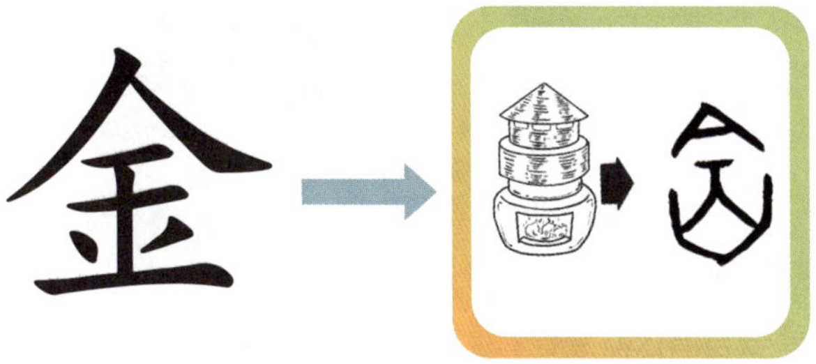

“金”的甲骨文字形多样，部分字形上半部分似箭头（象征金属制品），下半部分像土块或火形（象征金属源于土或冶炼需火）。在《说文解字》中，“金”的本义是“五色金”（泛指各类金属），其中以黄金为代表。字形从甲骨文到楷书逐渐简化，字义从金属扩展到货币、贵重物品、颜色及五行概念。

——出自汉典网

---

① 据2017年3月30日《北京日报》刊发的报道《1862690件藏品！ 故宫亮最新家底》。

② 出自“殷契文渊”网站。

词汇学习

序号	词汇	拼音	词类	英文翻译
1	金瓯永固杯	Jīn'ōu Yǒnggù Bēi	专名	Jin'ou Yonggu Cup (The Eternal Golden Cup)
2	金	jīn	名	gold, metal
3	金元宝	jīnyuánbǎo	名	gold ingot
4	金手镯	jīnshǒuzhuó	名	gold bracelet
5	金壶	jīnhú	名	gold pot
6	金发簪	jīnfàzān	名	golden hairpin
7	金佛	jīnfó	名	gold Buddha
8	金杯	jīnbēi	名	gold cup
9	金碗	jīnwǎn	名	gold bowl
10	镶嵌	xiāngqiàn	动	to inlay
11	珍珠	zhēnzhū	名	pearl
12	錾刻	zànkè	动	to carve with a chisel
13	宝石	bǎoshí	名	gemstone
14	碧玺	bìxǐ	名	tourmaline
15	宝相花	Bǎoxiànghuā	专名	Treasure Phase Flower, Auspicious Flower
16	回纹	huíwén	名	rhyme pattern

课堂练习1

指图说词，两人一组，比比谁说得快。

句型学习

除了……，还……。（HSK3）

在中国货币史上，“元宝”这一称呼正式用于指代金银，始于元代（1271—1368）。当时所称的金元宝，即指由贵重黄金制成的古代流通货币。

金子除了用来制作生活用品，还曾作为货币使用。

清乾隆时期共制作了4件金瓯永固杯，其中两件为金质，高约12.5厘米，口径约8厘米，每件杯子上面镶嵌大小珍珠11颗。杯身的一面中间錾刻“金瓯永固”的篆书字样，另一面刻“乾隆年制”款识。金瓯永固杯的寓意是国土完整、政权永固，仅在每年春节皇帝举行明窗开笔仪式时使用。

金瓯永固杯除了使用大量黄金，还镶嵌着珍珠。

金瓯永固杯上共镶嵌9颗红宝石、12颗蓝宝石及4颗碧玺。作为宝石的一种，碧玺以其独特的美学价值与收藏价值受到关注。

金瓯永固杯上除了有珍珠，还镶嵌着21颗红、蓝宝石和4颗碧玺。

金瓯永固杯的杯体上雕刻着一朵朵宝相花。宝相花，又称宝仙花、宝莲花，作为极具代表性的中国传统吉祥纹样，盛行于隋唐时期。其造型一般以某种花卉为主体，在花蕊和花瓣基部以圆珠排列，如绽放光芒的珠宝，整体显得富丽堂皇、珍贵非凡，因而得名“宝相花”。

金瓯永固杯上除了有宝石，还錾刻了很多宝相花。

回纹，又称回字纹，是一种由横竖折绕组成、形似“回”字形的传统几何装饰纹样。回纹的构成形式回环反复、延绵不断，在民间有着“富贵不断头”的说法。因其样式特点，人们赋予它连绵不断、吉祥永长的寓意。

金瓯永固杯上除了有宝相花，还錾刻着一圈回纹。

课堂练习2

1 选择合适的词语填空。

（1）金瓯永固杯是纯__________的。（金　银）

（2）金瓯永固杯的__________中间镶嵌着珍珠或宝石。（宝相花　回纹）

（3）金瓯永固杯上镶嵌着白色的__________，非常漂亮。（珍珠　宝石）

（4）金瓯永固杯上镶嵌着大量的红、蓝__________。（珍珠　宝石）

（5）这对______________的样子我很喜欢，可惜我的手腕太粗了，不合适。（金手镯　金发簪）

（6）她头上戴着______________，走起路来摇曳生姿（sway gracefully）。（金手镯　金发簪）

（7）女人一般更喜欢______________着钻石的戒指。（镶嵌　錾刻）

（8）金瓯永固杯上__________着很多宝相花。（镶嵌　錾刻）

2 请猜一猜这些词语的意思，并完成下列句子。

金口玉言　　金榜题名　　挥金如土　　金碧辉煌
金秋　　小金库　　定金　　税金

（1）他的话又不是________，你不用听。

（2）在公司私自设立________是要受罚的。

（3）他非常有钱，常常________。

（4）大厅布置得________。

（5）________十月是丰收的季节。

（6）我们交的税会存放在一个特殊的________账户。

（7）如果你决定买这套房子，请先付两万元________。

（8）他学习非常努力，终于考上了理想的大学，________了。

课堂练习3

1 请写出下面图片中所圈处的对应词语，并使用句型“除了……，还……”描述一下金瓯永固杯。

（1）________

（2）________

（3）________

（4）________

（5）________

2 请使用句型“除了……，还……”完成下列句子。

例如：故宫里的金器很多，除了金杯，还有金壶。

（1）故宫里的金器很多，除了有____________，还有____________。

（2）故宫里的金器很多，我除了喜欢____________，还喜欢____________。

（3）故宫里的金器很多，我觉得除了__________令人惊艳，还有__________也让人赞叹。

（4）故宫里的金器很多，除了____________，还____________。

第八课

金瓯永固杯 ②

课程导入

故宫里有众多金银器，其中金瓯永固杯是极具代表性的器物之一。这件金瓯永固杯到底有什么特别之处呢？我们一起来了解一下吧。

教学重点

1.复习核心语素汉字“金”及其相关词语，并会使用句型“除了……，还……”表达。

2.学习课文，详细了解金瓯永固杯。

复习操练

1 看图说词。

❷ 游戏练习：两人一组，请根据下面的图片使用句型“除了……，还……”描述金瓯永固杯。看看谁说的句子多。

A同学 ________ 句。

B同学 ________ 句。

1

________同学

词汇学习

序号	词汇	拼音	词类	英文翻译
1	杯口	bēikǒu	名	the rim of a cup
2	杯身	bēishēn	名	the body of a cup
3	杯脚	bēijiǎo	名	the foot of a cup
4	变龙	biàn lóng		changed dragon
5	象首	xiàngshǒu	名	the head of the elephant
6	象鼻	xiàngbí	名	the trunk of the elephant
7	把手	bǎshou	名	handle
8	吉祥如意	jíxiáng-rúyì		good luck and fulfillment of all wishes
9	祖传器物	zǔchuán qìwù		heirloom
10	疆土	jiāngtǔ	名	territory

序号	词汇	拼音	词类	英文翻译
11	祈求	qíqiú	动	to pray for
12	寓意	yùyì	名	implication
13	直径	zhíjìng	名	diameter
14	毫米	háomǐ	量	millimeter
15	不断	búduàn	动	continuous
16	健康长寿	jiànkāng- -chángshòu		good health and a long life
17	表达	biǎodá	动	to express
18	政权	zhèngquán	名	political power
19	固	gù	形	stable, firm

表达练习 1

1 请用生词表中的词语填空。

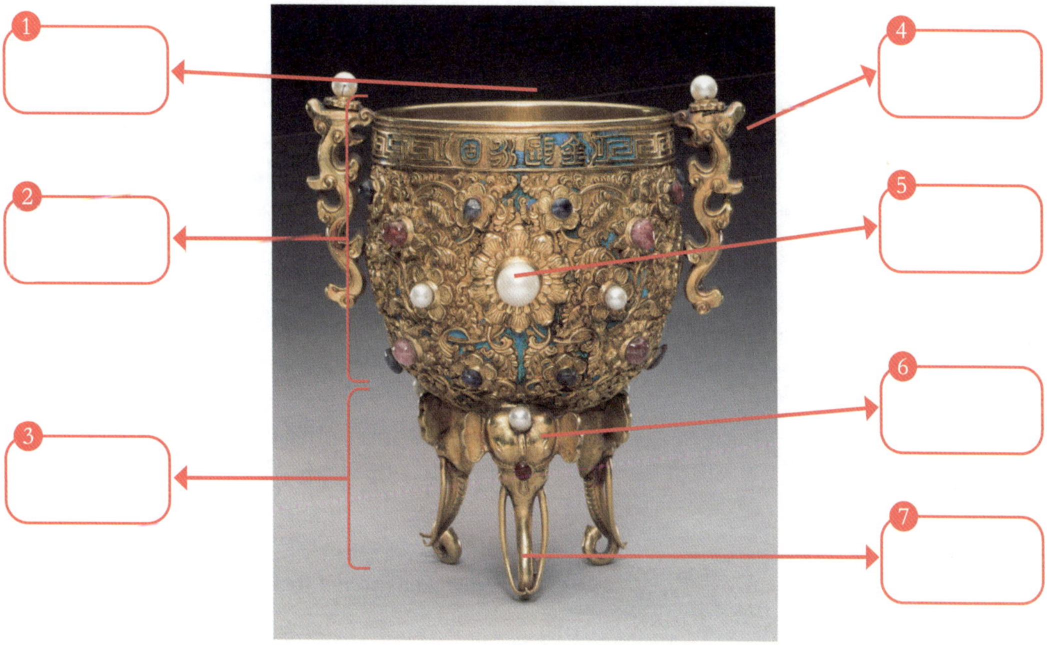

❷ 请根据下面的解释，写出正确的词语。

（1）器物上手拿的地方。　　（　　　　）

（2）吉利、幸运、符合心意。多用于祝福语。　　（　　　　）

（3）由祖先留传下来的东西。　　（　　　　）

（4）疆域，领土。　　（　　　　）

（5）恳切地希望或请求。　　（　　　　）

（6）寄托或隐含的意思。　　（　　　　）

课文学习

听对话，回答问题：

（1）“金瓯永固杯”是什么？

（2）“金瓯永固杯”有多大？

（3）杯子上錾刻的宝相花和回纹有什么寓意？

（4）杯子上“金瓯永固”四个字是什么意思？

（5）乾隆皇帝什么时候用“金瓯永固杯”？

Nǐ jīntiān qù nǎr le? Yìtiān dōu méi kàndào nǐ.

大卫：你今天去哪儿了？一天都没看到你。

Wǒ jīntiān qù kàn Gùgōng Bówùyuàn de zhǎnlǎn le.

玛丽：我今天去看故宫博物院的展览了。

Zhǎnlǎn zěnmeyàng?

大卫：展览怎么样？

Tài měi le! Yǒu yí jiàn bǎobèi wǒ tèbié xǐhuan, jiào “Jīn'ōu Yǒnggù Bēi”.

玛丽：太美了！有一件宝贝我特别喜欢，叫“金瓯永固杯”。

Kuài shuōshuo, zhè shì gè shénme yàng de bǎobèi?

大卫：快说说，这是个什么样的宝贝？

Jīn'ōu Yǒnggù Bēi shì Qīngcháo Qiánlóng huángdì qīnzì shèjì bìng xiàlìng zhìzào de jīn jiǔbēi, shífēn guìzhòng. Bēizi gāo límǐ, bēijiǎo gāo límǐ, bēikǒu zhíjìng límǐ, bēijiǎo shì sān zhī xiàngbí, bēishēn xiāngqiànzhe kē zhíjìng háomǐ

玛丽：金瓯永固杯是清朝乾隆皇帝亲自设计并下令制造的金酒杯，十分贵重。杯子高12.5厘米，杯脚高5厘米，杯口直径8厘米，杯脚是三只象鼻，杯身镶嵌着2颗直径10毫米

yǐshàng de zhēnzhū, chúle zhè liǎng kē zhǔ zhēnzhū, hái yǒu kē
以上的珍珠，除了这两颗主珍珠，还有9颗

xiǎo yìdiǎnr de yuán zhēnzhū.
小一点儿的圆珍珠。

Wā! Zhème duō zhēnzhū, tài huálì le!
大卫： 哇！这么多珍珠，太华丽了！

Bēizi shang chúle xiāngqiànzhe zhēnzhū, hái xiāngqiànzhe kē
玛丽： 杯子上除了镶嵌着珍珠，还镶嵌着21颗

hóng、lánbǎoshí hé kē bìxǐ. Chúle xiāngqiànzhe hóng、lán-
红、蓝宝石和4颗碧玺。除了镶嵌着红、蓝

bǎoshí hé bìxǐ, hái zànkèzhe hěn duō Bǎoxiànghuā. Chúle
宝石和碧玺，还錾刻着很多宝相花。除了

zànkèzhe Bǎoxiànghuā, hái zànkèzhe yì quān huíwén. Chúle
錾刻着宝相花，还錾刻着一圈回纹。除了

zànkèzhe huíwén, hái yǒu liǎng tiáo biàn lóng bǎshou.
錾刻着回纹，还有两条变龙把手。

Wā! Mǎlì, nǐ yìkǒuqì shuōle zhème duō, wǒ dōu yǒudiǎnr
大卫： 哇！玛丽，你一口气说了这么多，我都有点儿

jìbuzhù le. Zhēnzhū、bǎoshí dōu shì fēicháng guìzhòng de
记不住了。珍珠、宝石都是非常贵重的

dōngxi, kě Bǎoxiànghuā hé huíwén yǒu shénme tèbié de
东西，可宝相花和回纹有什么特别的

yìsi ne?
意思呢？

Zhè Bǎoxiànghuā de yùyì shì jíxiáng-rúyì, huíwén de yùyì zé
玛丽： 这宝相花的寓意是吉祥如意，回纹的寓意则

shì fùguì búduàn. Dàxiàng yě yǒu jíxiáng-rúyì、 jiànkāng-
是富贵不断。大象也有吉祥如意、健康

-chángshòu de yùyì.
长寿的寓意。

Yuánlái rúcǐ, zhège bēizi biǎodále huángdì měihǎo de yuànwàng.
大卫： 原来如此，这个杯子表达了皇帝 美好的 愿望。

Chú cǐ zhī wài, bēikǒu chù hái zànkèzhe “Jīn'ōu Yǒnggù”
玛丽： 除此之外，杯口处还錾刻着“金瓯永固”

sì gè zì.
四个字。

“Jīn'ōu Yǒnggù” shì shénme yìsi?
大卫： “金瓯 永固”是 什么意思？

Yìsi shì jiāngtǔ wúquē、zhèngquán yǒnggù. Yīncǐ, Jīn'ōu
玛丽： 意思是 疆土 无缺、 政权 永固。因此，金瓯

Yǒnggù Bēi chúle yǒu fùguì-jíxiáng de yùyì, hái yǒu jiāngtǔ
永固杯 除了有 富贵 吉祥 的 寓意，还 有 疆土

wānzhěng、zhèngquán yǒnggù de yùyì.
完整、 政权 永固 的 寓意。

Wā! Qiánlóng huángdì měi tiān yòng zhè jiǔbēi hē jiǔ, wèidào
大卫： 哇！乾隆 皇帝 每天 用 这 酒杯 喝酒，味道

yídìng hěn tèbié.
一定 很 特别。

Hāha! Qíshí, Jīn'ōu Yǒnggù Bēi měi nián zhǐyǒu zài nónglì
玛丽： 哈哈！其实，金瓯永固杯 每 年 只有 在 农历

zhēngyuè chūyī jǔxíng de kāibǐ yíshì shang cái huì yòng.
正月 初一 举行 的开笔 仪式 上 才 会 用。

Kāibǐ yíshì shì shénme?
大卫： 开笔仪式是什么？

Měi nián zhēngyuè chūyī língdiǎn (zǐshí), Qīngcháo de
玛丽： 每 年 正月 初一 零点（子时），清朝 的

huángdì huì wǎng Jīn'ōu Yǒnggù Bēi li dàoshang jiǔ, ránhòu náqǐ
皇帝 会 往 金瓯永固 杯 里 倒上 酒，然后 拿起

máobǐ, shūxiě qíqiú jiāngshān píng'ān yǒnggù de jíxiángyǔ,
毛笔，书写 祈求 江山 平安 永固的 吉祥语，

suǒyǐ Jīn'ōu Yǒnggù Bēi bèi shìwéi zhēnguì de zǔchuán qìwù,
所以 金瓯 永固 杯 被 视为 珍贵 的 祖传 器物，

bú huì yònglái měi tiān hē jiǔ de.
不会 用来 每 天 喝 酒 的。

Ò, yuánlái rúcǐ.
大卫：哦，原来如此。

表达练习2

1 判断下面的句子是否符合课文的意思，对的画“√”，错的画“×”。

（1）金瓯永固杯是唐朝皇帝亲自设计并下令制造的金酒杯。（　　）

（2）金瓯永固杯的杯脚是三只象鼻。（　　）

（3）金瓯永固杯一共镶嵌了25颗红、蓝宝石。（　　）

（4）宝相花和回纹都象征着富贵。（　　）

（5）“金瓯永固”象征着疆土完整、政权永固。（　　）

（6）金瓯永固杯只在中秋节使用一次。（　　）

2 根据课文内容，请使用句型“……的寓意是……”介绍一下金瓯永固杯。

例：金瓯永固杯的寓意是疆土完整、政权永固。

（1）

____________的寓意是______________。

（2）

____________的寓意是______________。

（3）

________的寓意是________。

3 请同学们找一找身边有寓意的东西，并用句型“……的寓意是……”写在下面的横线上，然后读给同学听。

（1）________的寓意是________。

（2）________的寓意是________。

（3）________的寓意是________。

（4）________的寓意是________。

4 请使用所给的词语和句型“除了有……寓意，还有……寓意”对下列图片进行描述。

例：金瓯永固杯除了有富贵吉祥的寓意，还有疆土完整、政权永固的寓意。

（1）玉　坚强　温润

____

____

（2）龙凤呈祥　婚姻美满　家庭幸福

____

____

（3）鹿　财富　美丽

（4）麒麟　平安吉祥　德才兼备

（5）苹果　平安　幸福

表达练习3

在中国的商店或中国人家里，能看到下面这些摆件和首饰，你知道它们的寓意吗？请用句型“除了有……寓意，还有……寓意”向同学介绍。

（1）

(2)

(3)

(4)

文化知识

阅读材料四

故宫里的金银器

请阅读本文，回答下面的问题。

1.三龙二凤冠是在哪里发现的？

2.三龙二凤冠的学名是什么？

3.三龙二凤冠的制作用到了什么工艺？

4.明孝靖皇后戴过三龙二凤冠吗？

北京故宫博物院藏有180多万件文物，其中以金、银、玉、珍珠等制作而成的珍宝不但材质珍贵，而且设计精巧，代表了当时的最高工艺水平，更彰显出皇权至高无上的尊贵地位。明孝靖皇后的三龙二凤冠就是著名的文物之一。

明孝靖皇后三龙二凤冠

这顶凤冠（fèngguān）[①]1958年出土于北京明十三陵（Míng Shísān Líng）[②]的定陵，是中国目前仅存的四顶凤冠之一，具有极高的文物价值。作为中国古代皇帝后妃（huángdì hòufēi）[③]的

① 凤冠：phoenix coronet

② 明十三陵：The Ming Tombs of the Thirteen Emperors

③ 皇帝后妃：imperial concubines

传统冠饰(guānshì)[①]，凤冠上有凤凰造型的珠宝。明朝凤冠是皇后在正式场合戴的礼冠，其样式在宋朝凤冠的基础上改进而成。

这顶三龙二凤冠的学名叫“点翠嵌珠石金龙凤冠”，通高31.7厘米，冠体上宽34厘米，冠圈外径19厘米，内径17厘米，两侧的装饰物长23厘米，宽5厘米，重2165克。它以细竹丝(xìzhúsī)[②]为骨架编织，顶部有3条金丝编织的金龙，镶嵌95块宝石和3426颗珍珠，搭配80片采用点翠工艺制成的翠云。

凤冠上的金龙

凤冠上的宝石和珍珠

凤冠上的翠云

点翠工艺是将翠鸟(cuìniǎo)[③]的蓝色羽毛粘贴在金银基座(jīnyín jīzuò)[④]上，组成各种图案。翠鸟的羽毛自带折光(zhéguāng)[⑤]效果和自然纹理(wénlǐ)[⑥]，所以经点翠工艺装饰的物件呈现出极亮丽的视觉效果。

---

① 冠饰：crown accessory

② 细竹丝：fine bamboo filaments

③ 翠鸟：kingfisher

④ 金银基座：gold and silver base

⑤ 折光：refraction of light

⑥ 纹理：texture, grain

如此精美的三龙二凤冠背后却有一个不幸的故事。这顶凤冠属于明孝靖皇后。她本姓王，13岁时被选入宫，成为伺候[1]明朝万历皇帝朱翊钧[2]的母亲李太后的宫女。一次偶然的机会，王氏被万历皇帝宠幸并怀有身孕。但是万历皇帝认为宫女受孕有碍体统，所以很不喜欢王氏。即便后来王氏生下皇长子朱常洛，仍被嫌弃[3]。本应母以子贵[4]，可万历皇帝仅封其为恭妃，还将她打入冷宫，不能与儿子见面。直到朱常洛的妃子生下了万历皇帝的长孙后，王氏才被封为皇贵妃，却还是住在幽宫[5]。她虽然与儿孙离得很近，却难得一见，病情越来越重，死时年仅47岁。

翠鸟

显然，王氏生前并不受万历皇帝的宠爱，那为什么她的棺材[6]里会出现如此富丽堂皇[7]的三龙二凤冠呢？原来，这顶凤冠是王氏的孙子朱由校[8]（明熹宗天启皇帝）继位之后，放到王氏的棺材里的。天启皇帝重办了祖母的丧事，将王氏的墓穴[9]

明孝靖皇后

[1] 伺候：to serve

[2] 万历皇帝朱翊钧：Wanli Emperor Zhu Yijun，the 13th emperor of the Ming Dynasty

[3] 嫌弃：to dislike

[4] 母以子贵：a mother becomes noble because of her son

[5] 幽宫：Secluded Palace

[6] 棺材：coffin

[7] 富丽堂皇：gorgeous

[8] 朱由校：Tianqi Emperor Zhu Youjiao，the 15th emperor of the Ming Dynasty

[9] 墓穴：grave

从原来的地方迁出，葬入万历皇帝所在的十三陵定陵地官，并在墓室旁陈设大量织锦、金器、银器、玉器等陪葬品（péizàngpǐn）[1]，其中不乏美妙绝伦（měimiào-juélún）[2]的艺术品和价值连城（jiàzhí-liánchéng）[3]的珍宝。我们今天介绍的明孝靖皇后三龙二凤冠就是众多陪葬品中的一件。

---

① 陪葬品：burial objects

② 美妙绝伦：absolutely marvellous

③ 价值连城：priceless, invaluable

手工体验

手工制作四　点翠发簪制作

首先购买点翠发簪制作包。点翠工艺是中国传统的金银首饰制作工艺，可以追溯到战国时期，兴盛于明清时期。这种工艺主要是将翠鸟①的羽毛巧妙地粘贴在金银制成的底托上，制成精美的首饰。

1

第一步，修整羽毛，使羽毛边缘规整，便于粘贴。古代制作点翠选用翠鸟的羽毛，是因为其具有自然纹理和变幻的彩光，能让点翠作品呈现丰富的色彩层次。

2

第二步，将修剪后的羽毛用胶水粘贴在雪梨纸上，使其平整且不易脱落。传统的点翠工艺通常选用翠鸟背部或翅膀的羽毛。

① 因动物保护主义，现代的点翠工艺一般使用染色的鹅毛或合成材料。

3

第三步，再拿出一张雪梨纸，在空白的地方描出簪子的形状。

4

第四步，把贴有羽毛（羽毛面朝下）的雪梨纸平铺在桌上，依次放上复写纸和画有簪子形状的雪梨纸 。

5

第五步，再次描画簪子上的花瓣形状，使其印在贴有羽毛的雪梨纸上。

6

第六步，按照画出的形状将羽毛剪下，贴在簪子上。

7

第七步，重复上述步骤，根据不同形状将金色底托填满。

8

第八步，重复上述步骤，直至簪子被羽毛完整装饰。经点翠工艺打造的首饰，莹亮润泽，色彩明艳，如果在日常使用中妥善保管，其光泽与色彩就能长久保持。

9

第九步，在簪子上粘贴珍珠或宝石加以装饰。待胶水彻底干透后，一支点翠簪子便制作好了。制作这样一支簪子，既能领略中国传统手工艺的精妙，又能从工艺改良中体会到现代中国人与自然和谐共生的理念。

第五单元

故宫里的文房四宝

语言学习

第九课

文房四宝①

课程导入

大家知道什么是“文房”吗？“文房四宝”具体指什么？毛笔有哪些常见种类？又该如何区分它们呢？我们一起来了解一下吧。

教学重点

1.学习核心语素汉字“笔”及其相关词语。
2.了解“文房四宝”和毛笔的不同种类。
3.学习句型“只有……，才……”。

文化知识热身

“Wénfáng” de míngzi qǐyuán yú Zhōngguó lìshǐ shang de Nán-Běi cháo
“文房”的名字起源于中国历史上的南北朝

shíqī, zhuān zhǐ wénrén de shūfáng. Běisòng Sū Yìjiǎn
时期（420—589），专指文人的书房。北宋苏易简

zài《Wénfáng Sì Pǔ》zhōng shǒucì yǐ “Wénfáng Sì Bǎo” tǒngchēng bǐ、
在《文房四谱》中首次以“文房四宝”统称笔、

mò、zhǐ、yàn, biāozhìzhe zhè yì míngchēng de zhèngshì quèlì.
墨、纸、砚，标志着这一名称的正式确立。

“Wénfáng Sì Bǎo” zhōng de húbǐ、huīmò、xuānzhǐ、duānyàn zuì yǒumíng.
“文房四宝”中的湖笔、徽墨、宣纸、端砚最有名。

Tāmen fēnbié shì Zhèjiāng Húzhōu de máobǐ、Ānhuī Huīzhōu (jīn Huángshān
它们分别是浙江湖州的毛笔、安徽徽州（今黄山

Shì) de mò、Ānhuī Xuānchéng de zhǐ、Guǎngdōng Zhàoqìng (gǔ chēng
市）的墨、安徽宣城的纸、广东肇庆（古称

Duānzhōu) de yàntai. “Wénfáng Sì Bǎo” shì Zhōngguó chuántǒng de shūxiě
端州）的砚台。“文房四宝”是中国传统的书写

hé huìhuà gōngjù, hái rónghéle duōzhǒng yìshù xíngshì.
和绘画工具，还融合了多种艺术形式。

核心语素汉字

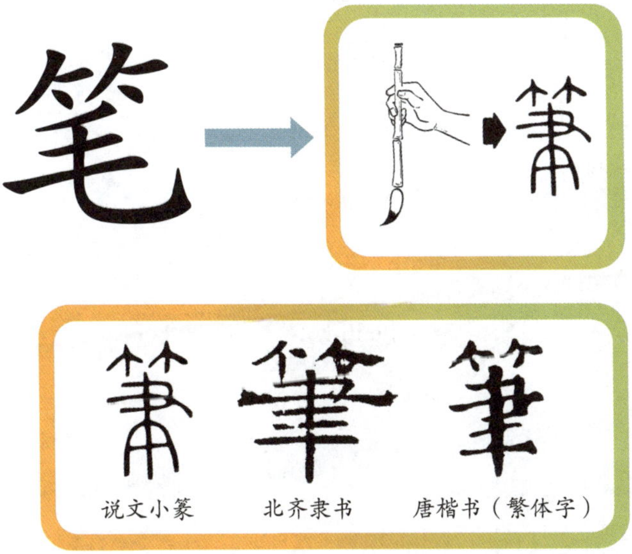

——出自《辞海》网络版

《说文解字》对“笔”字的解释是“秦谓之筆。从聿，竹声”。这里的“聿”是手持笔的形状，表示书写工具。“竹”旁则表示“笔”字的读音。[①] 因此，在《说文解字》中，“笔”字的本义是指用于书写的工具，即我们今天所说的毛笔或其他类型的笔。

① “竹声”并非单纯表示读音，而是兼具形声和表意功能。汉代毛笔的笔杆多用竹制，因此“竹”旁既提示读音，也暗示材质。

词汇学习

序号	词汇	拼音	词类	英文翻译
1	文房四宝	Wénfáng Sì Bǎo	专名	The Four Treasures of the Study
2	毛笔	máobǐ	名	writing brush
3	笔	bǐ	名	pen
4	墨	mò	名	ink
5	纸	zhǐ	名	paper
6	砚	yàn	名	inkstone
7	硬毫笔	yìngháobǐ	名	stiff-haired brush
8	钢笔	gāngbǐ	名	fountain pen
9	软毫笔	ruǎnháobǐ	名	soft-haired brush
10	紫毫笔	zǐháobǐ	名	purple-haired brush
11	圆珠笔	yuánzhūbǐ	名	ball-point pen
12	彩笔	cǎibǐ	名	colored pencil
13	笔毛	bǐmáo	名	brush hair
14	野山兔	yěshāntù	名	mountain hare
15	脊背	jǐbèi	名	back
16	兼毫笔	jiānháobǐ	名	mixed-hair brush
17	选择	xuǎnzé	动	to choose

课堂练习1

指图说词，两人一组，比比谁说得快。

句型学习

只有……，才……。（HSK3）

笔、墨、纸、砚被称为“文房四宝”，其中笔泛指毛笔，纸传统上以宣纸为主。

只有学习中国文化，才知道“文房四宝”是什么。

毛笔是中国传统的书写与绘画工具，以不同动物的毛为原料。人们常常按照笔毛的弹性将其分为硬毫、软毫和兼毫等种类。

只有明确笔毛的原料，才能判断毛笔的种类。

硬毫是毛笔的一种，常用黄鼠狼毛（狼毫）、鼠须①、猪鬃等制作，其特点是弹性强，适合书写小楷及国画勾线、描边等，能使写出的字点画瘦劲，线条锐利挺拔。

只有狼毫、兔毫等较硬的毛，才能做成硬毫笔。

紫毫笔属于硬毫笔的一种，其原料为野山兔脊背上的一小撮黑针尖毛。因为笔毛的色泽黑中透紫，所以叫紫毫笔，也称纯紫毫笔。

只有野山兔脊背上的毛，才能做成紫毫笔。

软毫笔常用山羊毛（羊毫）、鸡毛（鸡毫）等制作，笔毛质地柔软，弹性相对较弱。书写时因笔锋不易掌控，所以对书写者的技巧要求较高。在书法创作中，软毫笔适宜书写较大的字体；在国画领域，则常被用于点叶、渲染等技法。

只有羊毫、鸡毫等较软的毛，才能做成软毫笔。

① 传统文献中提及“鼠须”，但具体材质存疑。

兼毫笔是毛笔的一种，兼具软毫与硬毫的特点，弹性适中。书写时，兼毫笔适合行书、楷书等书体；绘画领域则适用于绘制花鸟画，既能勾线，又可渲染。兼毫笔的性能稳定，适合书法与绘画的初学者。

只有兼毫笔，才是中国传统绘画中兼顾勾线和渲染的理想工具。

课堂练习2

1 选择合适的词语填空。

（1）她正在磨______，准备写毛笔字。（墨　砚）

（2）在中国，______、纸、砚台和墨被称为“文房四宝”。（毛笔　钢笔）

（3）妹妹用______画了一道彩虹，特别漂亮。（圆珠笔　彩笔）

（4）一般人们习惯根据______的弹性来区分毛笔的种类。（毛笔　笔毛）

（5）用黄鼠狼（weasel）尾巴上的毛做成的毛笔叫作______。（硬毫笔　软毫笔）

（6）用鸡毛做成的毛笔叫作______。（硬毫笔　软毫笔）

（7）一般来说，选择______勾线和渲染。（紫毫笔　兼毫笔）

（8）用野山兔脊背上的毛做成的毛笔叫作______。（紫毫笔　兼毫笔）

2 请猜一猜这些词语的意思，并完成下列句子。

提笔忘字　　奋笔疾书　　一笔勾销　　下笔千言

点睛之笔　　亲笔　　代笔　　随笔

（1）现在的人们每天用电脑、手机打字，导致写字的时候常常会______。

（2）这位作家的__________文字优美，深受读者喜爱。

（3）这是女朋友给他的__________信，信里充满了爱意。

（4）经过一小时的__________，他总算在最后一刻写完了作业。

（5）作家大多有__________的本事。

（6）学术论文绝对不能找人________。

（7）我们的旧账__________，我不和你计较了。

（8）文章的最后一句话升华（to sublimate）了内容，是__________。

课堂练习3

1 连线题：请找出与下列动物毛匹配的毛笔种类并连线，然后用句型“只有……，才……”回答问题。

硬毫笔

紫毫笔

软毫笔

回答问题：

例如：只有像狼毫这样较硬的毛，才能做成硬毫笔。

（1）山羊身上的毛可以做成硬毫笔吗?

（2）鸡身上的毛可以做成紫毫笔吗?

（3）猪身上的毛可以做成软毫笔吗?

（4）野山兔身上的毛可以做成紫毫笔吗?

（5）鼠须可以做成软毫笔吗?

❷ 请使用句型“只有……，才……”把下列词语组成句子。

例：辛勤　会　收获　有　劳动

只有辛勤劳动，才会有收获＿＿＿＿＿＿＿＿。

（1）认真　学习　会　知识　学到。

＿＿＿＿＿＿＿＿＿＿＿＿＿＿＿＿＿＿＿＿。

（2）爱护　环境　我们的　会　家园　美丽

＿＿＿＿＿＿＿＿＿＿＿＿＿＿＿＿＿＿＿＿。

（3）努力　工作　能　生活　过上　幸福的

＿＿＿＿＿＿＿＿＿＿＿＿＿＿＿＿＿＿＿＿。

（4）更高　更远　站得　看得　能

＿＿＿＿＿＿＿＿＿＿＿＿＿＿＿＿＿＿＿＿。

（5）大家　努力　一起　能　事情　做好　把

＿＿＿＿＿＿＿＿＿＿＿＿＿＿＿＿＿＿＿＿。

第十课

文房四宝 ②

课程导入

毛笔作为中国传统的书写与绘画工具，种类丰富，很大程度上源于制作材料的差异。那么，以不同动物毛制成的毛笔各自有什么特性？故宫里的毛笔又是什么样的？我们一起来了解一下吧。

教学重点

1.复习核心语素汉字“笔”及其相关词语，并会使用句型“只有……，才……”表达。
2.学习课文，了解毛笔的不同种类，欣赏故宫里的毛笔。

复习操练

1 看图说词。

2 请找出下列图片的对应词语，并把答案写下来，然后用句型“只有……，才……”来介绍这几类毛笔。

硬毫笔　　软毫笔　　紫毫笔　　兼毫笔

（1）

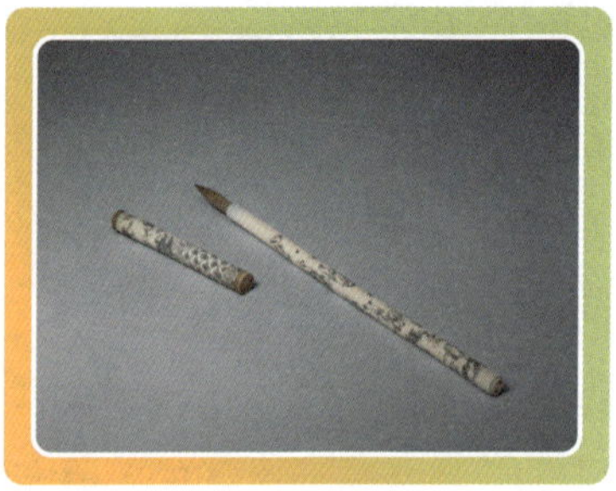

（2）

（3）

（4）

词汇学习

序号	词汇	拼音	词类	英文翻译
1	材料	cáiliào	名	material
2	黄鼠狼	huángshǔláng	名	weasel
3	山羊	shānyáng	名	goat
4	竹子	zhúzi	名	bamboo

序号	词汇	拼音	词类	英文翻译
5	象牙	xiàngyá	名	ivory
6	狼	láng	名	wolf
7	玉兰花苞	yùlánhuābāo	名	magnolia bud
8	只知其一，不知其二	zhǐ zhī qí yī, bù zhī qí èr		Only know one aspect of something but not the other.
9	弹性	tánxìng	名	elasticity
10	收藏	shōucáng	动	to collect
11	笔杆儿	bǐgǎnr	名	pen-holder
12	制	zhì	动	to make
13	笔头	bǐtóu	名	pen point
14	进献	jìnxiàn	动	to present
15	了解	liǎojiě	动	to know

表达练习1

1 请找出下列图片的对应词语，并把答案写下来。

黄鼠狼　　山羊　　竹子　　象牙　　狼　　玉兰花苞

（1）

（2）

（3）

（4）

（5）

（6）

❷ 请判断下面这些毛笔的种类，并把答案写下来。

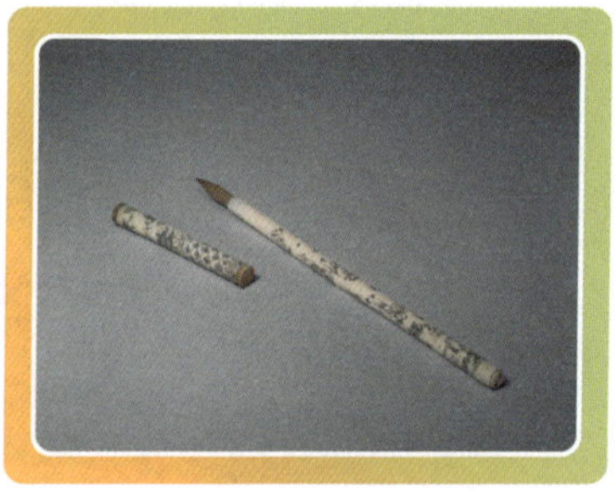

① 象牙八仙狼毫笔

② 竹管兰亭真赏紫毫笔

③ 珐琅管羊毫提笔

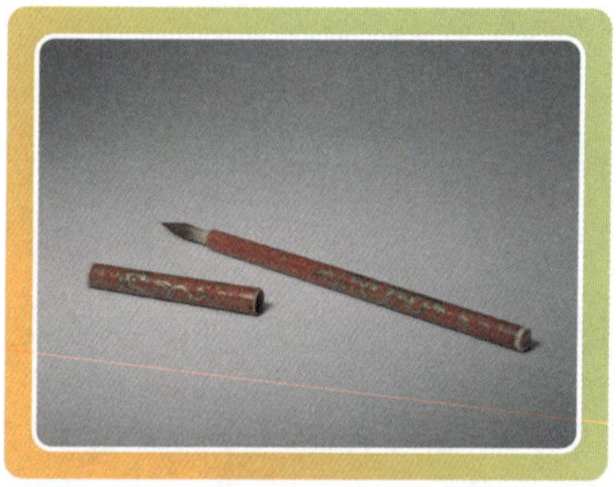

④ 红漆描金夔凤纹管兼毫笔

硬毫笔 ________ 软毫笔 ________

兼毫笔 ________ 紫毫笔 ________

课文学习

听对话，回答问题：

（1）毛笔一般根据什么分类？

（2）什么是紫毫笔？

（3）兼毫笔的作用是什么？

（4）故宫里的毛笔笔杆儿大多是用什么制成的？

（5）为什么说“天子万年笔”很特别？

Wèi, nǐ zài gàn shénme ya? Wèi shénme jiǎn tùmáo?

玛丽： 喂，你在干什么呀？为什么捡兔毛？

Zuò máobǐ ya.

大卫： 做毛笔呀。

Shénme? Zuò máobǐ?

玛丽： 什么？做毛笔？

Duì ya, wǒ tīngshuō yòng tùmáo kěyǐ zuò zǐháobǐ.

大卫： 对呀，我听说用兔毛可以做紫毫笔。

Hāha, nǐ kě zhēnshi “zhǐ zhī qí yī, bù zhī qí èr”. Bú shì shénme tùmáo dōu kěyǐ zuò zǐháobǐ de.

玛丽： 哈哈，你可真是“只知其一，不知其二”。不是什么兔毛都可以做紫毫笔的。

Shì ma?

大卫： 是吗？

Zhǐyǒu yòng yěshāntù jǐbèi shang de máo, cái kěyǐ zuòchéng zǐháobǐ.

玛丽： 只有用野山兔脊背上的毛，才可以做成紫毫笔。

Nà chúle yěshāntù jǐbèi shang de máo, hái yǒu shénme máo kěyǐ

大卫： 那除了野山兔脊背上的毛，还有什么毛可以

zuò máobǐ?
做 毛笔？

Máobǐ yìbān gēnjù bǐmáo de tánxìng fēnwéi “ruǎnháobǐ”
玛丽： 毛笔 一般 根据 笔毛 的 弹性 分为“软毫笔”
“yìngháobǐ” hé “jiānháobǐ” sān zhǒng. Dàduōshù ruǎnháobǐ
“硬毫笔”和“兼毫笔”三 种。大多数 软毫笔
de bǐmáo shì yángháo, jiù shì shānyáng de máo.
的 笔毛 是 羊毫，就是 山羊 的 毛。

Suǒyǐ, zhǐyǒu yángháo zhèyàng jiào ruǎn de máo zuòchéng de bǐ,
大卫： 所以，只有 羊毫 这样 较 软 的 毛 做成 的 笔，
cái jiào ruǎnháobǐ.
才 叫 软毫 笔。

Duì, yìngháobǐ cháng yòng de bǐmáo shì lángháo.
玛丽： 对，硬毫笔 常 用 的 笔毛 是 狼毫。

Ā! Yòng láng de máo zuò de bǐ.
大卫： 啊！用 狼 的 毛 做 的 笔。

Lángháo bú shì láng de máo, ér shì huángshǔláng wěiba shang de
玛丽： 狼毫 不是 狼 的 毛，而是 黄鼠狼 尾巴 上 的
máo. Zhǐyǒu lángháo zhèyàng jiào yìng de máo, cái néng zuò-
毛。只有 狼毫 这样 较 硬 的 毛，才 能 做
chéng yìngháobǐ. Zǐháo yě shì yìngháobǐ de yì zhǒng.
成 硬毫笔。紫毫 也 是 硬毫 笔 的 一 种。

Ò. Wǒ míngbai le. Jiānháobǐ jiù shì yòng jiānháo zuòchéng
大卫： 哦。我 明白 了。兼毫笔 就是 用 兼毫 做成
de bǐ.
的 笔。

Nǐ yòu cuò le. Jiānháobǐ bú shì yòng jiānháo zuò de, ér shì yòng
玛丽： 你 又 错 了。兼毫笔 不是 用 兼毫 做 的，而是 用
ruǎnháo hé yìngháo yìqǐ zuò de. Zài huàhuàr shí, zhǐyǒu
软毫 和 硬毫 一起 做 的。在 画画儿 时，只有

jiānháobǐ, cái néng jì gōu xiàn yòu xuànrǎn.
兼毫笔，才能既勾线又渲染。

Nǐ zěnme dǒng zhème duō?!
大卫： 你怎么懂这么多？！

Yīnwèi wǒ xǐhuan Zhōngguó de shūfǎ, suǒyǐ duì máobǐ yě tèbié gǎn xìngqù. Gùgōng Bówùyuàn li yě shōucángle hěn duō máobǐ. Nàxiē máobǐ de bǐgǎnr dàduō shì yòng yù、xiàngyá、fàláng huò zhúzi zhìchéng de, qízhōng yǒu yì zhī "Tiānzǐ Wànnián Bǐ" bǐjiào tèbié.
玛丽： 因为我喜欢中国的书法，所以对毛笔也特别感兴趣。故宫博物院里也收藏了很多毛笔。那些毛笔的笔杆儿大多是用玉、象牙、珐琅或竹子制成的，其中有一支“天子万年笔”比较特别。

Ó? Yǒu shénme tèbié de dìfang?
大卫： 哦？有什么特别的地方？

Zhè zhī máobǐ de bǐgǎnr cháng límǐ, shì zhúzi zuò de, hěn qīng, shàngbian xiězhe "Tiānzǐ Wànnián" sì gè zì, xiàbian xiězhe "chén Bái Huáng gōng jìn". Bǐtóu shì zǐháo zhìchéng de, xiàng yùlánhuābāo. Tā shì jìnxiàn gěi huángdì de shēngrì lǐwù, suǒyǐ míngzi hěn tèbié, jiào "Tiānzǐ Wànnián Bǐ".
玛丽： 这支毛笔的笔杆儿长18.8厘米，是竹子做的，很轻，上边写着“天子万年”四个字，下边写着“臣白潢恭进”。笔头是紫毫制成的，像玉兰花苞。它是进献给皇帝的生日礼物，所以名字很特别，叫“天子万年笔”。

Nǐ duì Zhōngguó de máobǐ liǎojiě de zhēn duō!
大卫： 你对中国的毛笔了解得真多！

表达练习2

❶ 判断下面的句子是否符合课文的意思，对的画“√”，错的画“×”。

（1）任何兔毛都可以做成紫毫笔。（ ）

（2）毛笔一般分为“软毫笔”“硬毫笔”和“兼毫笔”三种。（ ）

（3）“紫毫笔”是硬毫笔的一种。（ ）

（4）狼毫笔是用狼的毛做成的毛笔。（ ）

（5）软毫笔是用山羊等比较软的动物毛做成的。（ ）

（6）起“天子万年笔”这个名字是因为它使用的材料。（ ）

❷ 根据课文内容，请用句型“不是……，而是……”介绍下面的毛笔，并写下来。

关于紫毫笔：

紫毫笔不是用任何兔毛都可以做的，而是用野山兔脊背上的毛做的。

关于狼毫笔：

____

____

关于兼毫笔：

____

____

关于“天子万年笔”：

____

____

❸ 根据下列图片，请使用句型“不是……，而是……”回答问题。

（1）

A：这是草书吗？

B：____。

（2）

A：这是天青汝瓷吗？

B：____。

（3）

A：这是紫毫笔吗？

B：____。

(4)

A：这是一个普通的金杯吗？

B：________________________________。

(5)

A：这是铜狮吗？

B：________________________________。

4 游戏练习：你说我猜。下面是故宫博物院收藏的毛笔。学生分为三组，一组同学使用句型“不是……，而是……”或“只有……，才……”描述一种毛笔，其他两组同学认真听，又快又准地说出毛笔全名的那一组获胜。

1 白潢恭进天子万年笔

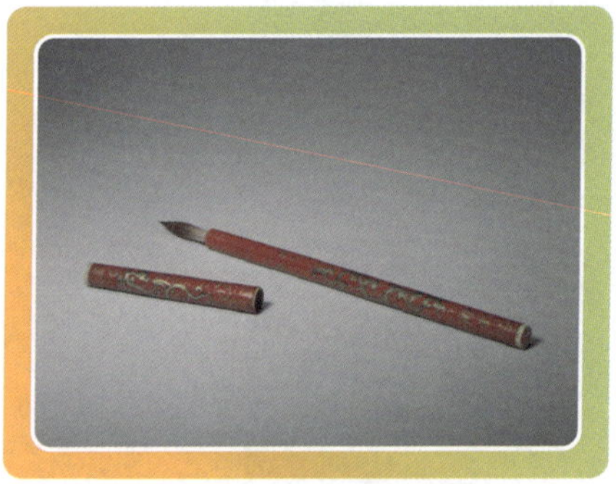

1 红漆描金夔凤纹管兼毫笔

3 珐琅管羊毫提笔

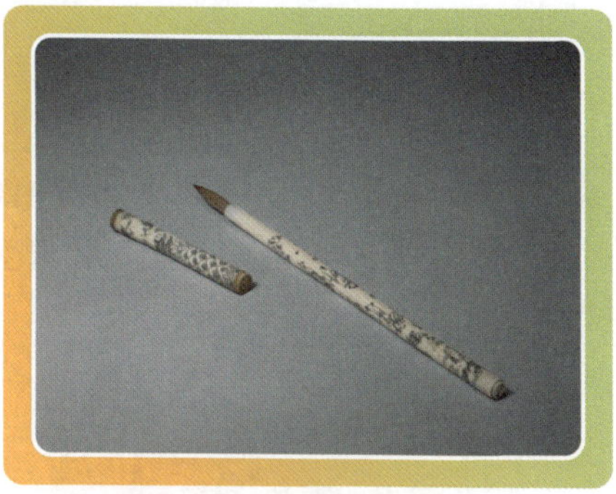

4 象牙八仙狼毫笔

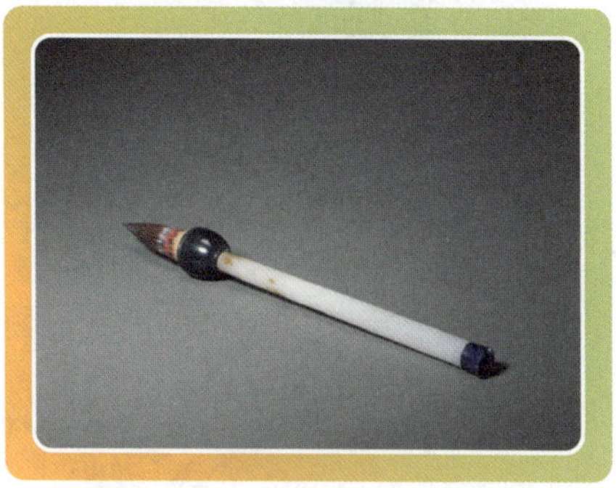

5 青玉管碧玉斗紫毫提笔

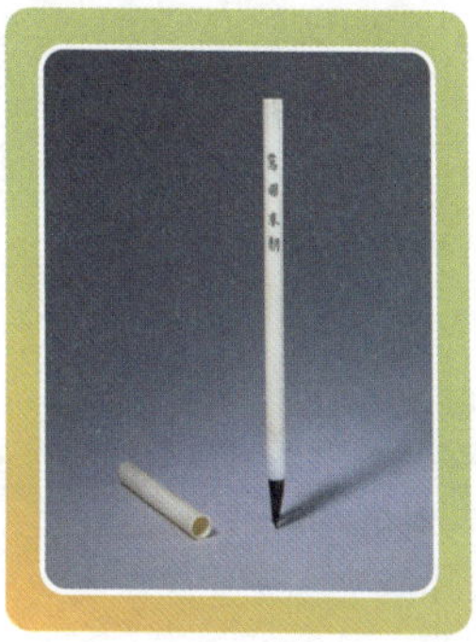

6 象牙管“万国来朝”紫毫笔

表达练习3

笔、墨、纸、砚被称为“文房四宝”。在你的国家，书桌上会摆放什么？请介绍一下，并尽可能多地使用句型“只有……，才……”和“不是……，而是……”。

湖笔

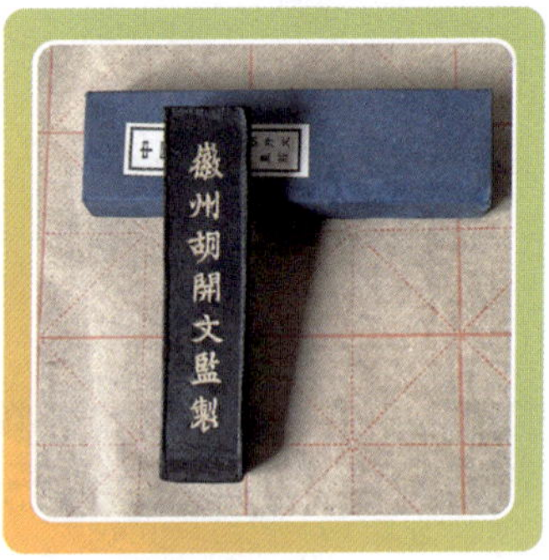

徽墨

端砚

宣纸

文化知识

阅读材料五

故宫里的文房四宝

请阅读本文，回答下面的问题。

1. “文房四宝”的名字最早出现在什么时期？
2. “白潢恭进天子万年笔”是什么意思？
3. 为什么宣纸被誉为“纸寿千年”？
4. 中国的“四大名砚”是什么？

说到“文房”，大家马上就会想到笔、墨、纸、砚这“文房四宝”。没错儿，它们是中国独有的书法与绘画工具。“文房四宝”这一名称最早出现于南北朝时期(Nán-Běi cháo shíqī)①，当时“文房”特指文人的书房，由于书房中常需用到笔、墨、纸、砚，所以人们将它们合称为“文房四宝”。在“文房四宝”中，浙江湖州的湖笔、安徽徽州的徽墨、安徽宣城的宣纸、广东肇庆（古称端州）的端砚最为著名。

先来说说“笔”。中国使用毛笔的历史非常悠久(yōujiǔ)②。早在新石器(Xīnshíqì)③时代的彩陶及商代的甲骨上，已可见类似用笔书写或绘制的痕迹(hénjì)④。故宫收藏的毛笔中，“白潢恭进天子万年笔”堪称清朝皇宫毛笔收藏中最具历史价值的珍品之一。它的笔管长18.8厘米，是用竹子做的，十分轻便。笔管上面刻着金色的“天子万年”四

---

① **南北朝时期**：The Northern and Southern Dynasties period（420—589）

② **悠久**：long-standing

③ **新石器**：the Neolithic (age)

④ **痕迹**：trace

个字，下面用蓝色写着“臣白潢恭进”，可以看出这支笔是大臣白潢进献给皇帝的。“天子万年”这四个字也表明这是进献给康熙皇帝的万寿节礼品。

白潢恭进天子万年笔

说完“笔”，我们再来谈谈“墨”。清代徽州有四位有名的制墨人：曹素功、汪近圣、汪节庵、胡开文。其中，胡开文所制之墨风格独特。他精心制作的“大富贵亦寿考五色墨”就珍藏在故宫博物院里。这套墨共有5锭(dìng)[1]，每锭形制规整，长16.3厘米，宽3.6厘米，厚1.2厘米。5锭墨分别为红、青、绿、白、藕荷(ǒuhé)[2]五种颜色，均呈长方形，图案正面镌刻“大富贵亦寿考”六个字，意思是有钱有势(yǒu qián yǒu shì)[3]且长寿；六个字下方刻有“仿易水法造”，表明其制作遵循唐代易水(Yìshuǐ)[4]（今河北易县）制墨的古法。

胡开文制大富贵亦寿考五色墨

① 锭：ingot

② 藕荷：light purple

③ 有钱有势：wealthy and powerful

④ 易水：now Yixian County in Hebei Province

清御制淳化轩刻画宣纸

有了笔和墨，还需配纸才能体现出笔墨的魅力（mèilì）①。这里所说的纸特指宣纸。根据《历代名画记》等记载，宣纸始于唐代，产地主要为泾县（Jīng Xiàn）②。因唐代泾县隶属于宣州，故而得名“宣纸”。由于宣纸保存起来很方便，而且长时间不会褪色（tuìsè）③或者变脆（biàn cuì）④，所以被誉为“纸寿千年”。

褐色虎皮宣纸

“文房四宝”的最后一宝是砚台。砚台需与墨锭配合使用，尽管现代多以墨汁替代墨锭，但仍有不少书法爱好者沿用传统的研墨方式。如今，砚台更多成了兼具艺术价值的收藏品。中国的“四大名砚”是广东肇庆的端砚、安徽徽州的歙砚（Shèyàn）⑤、甘肃临洮的洮河砚（Táohéyàn）⑥和山西绛州的澄泥砚（Chéngníyàn）⑦。

龙眠山庄铭端石砚

笔、墨、纸、砚作为“文房四宝”，各具特色，是中国文化的典型代表。通过它们，我们既能感受书画的墨香，又能体会中华传统文化的独特韵味（yùnwèi）⑧。

---

① 魅力：charm

② 泾县：Jing County

③ 褪色：color fading

④ 变脆：get fragile

⑤ 歙砚：She Inkstone

⑥ 洮河砚：Taohe Inkstone

⑦ 澄泥砚：Chengni Inkstone

⑧ 韵味：lingering charm

手工制作五　砚台绘制

1

首先购买一块砚台，同时准备颜料和画笔。砚是中国的传统手工艺品，与笔、墨、纸并称“文房四宝”，是中国书法及绘画的必备工具。

2

接下来，选择自己喜欢的图案，在砚台的盖子上进行装饰。砚台上的装饰通常以龙凤、蝙蝠、兰花、灵芝、祥云等为题材，寄寓着人们对吉祥幸福的向往。

3

最后，等颜料变干，一块漂亮的砚台就装饰好了，还可以在上面刻上喜欢的字。中国的砚台上面常镌刻山水画、人物像、花鸟鱼虫等图案，展现出砚文化的丰富内涵。

第六单元

故宫里的丝织品

语言学习

第十一课

一寸缂丝一寸金 ①

课程导入

中国古代有两样东西深受外国人喜爱。一是瓷器，二是什么呢？它色彩艳丽，制成的衣物穿着舒适，你能猜到吗？就是丝绸。

教学重点

1.学习核心语素汉字“丝”及其相关词语。
2.了解“织锦”“缂丝”“刺绣”。
3.学习句型“人们把A叫作B”。

文化知识热身

Gùgōng Bówùyuàn cáng yǒu zhīxiù wénwù wàn duō jiàn, bāokuò
故宫 博物院 藏 有 织绣 文物 18 万 多件[①]，包括

fúshì、 cáiliào、chénshè yòng zhīxiùpǐn hé zhīxiù shūhuà sì dà lèi.
服饰、材料、陈设 用 织绣品 和 织绣 书画 四大类。

① 据2017年3月30日《北京日报》刊发的报道《1862690件藏品！故宫亮最新家底》。

Quánshìjiè hěn nán zhǎodào néng wánzhěng shōucáng yí gè cháodài gōngtíng
全世界 很 难 找到 能 完整 收藏 一个 朝代 宫廷

fúshì de bówùguǎn， ér Gùgōng Bówùyuàn què zuòdào le.
服饰的博物馆，而 故宫 博物院 却 做到 了。

核心语素汉字

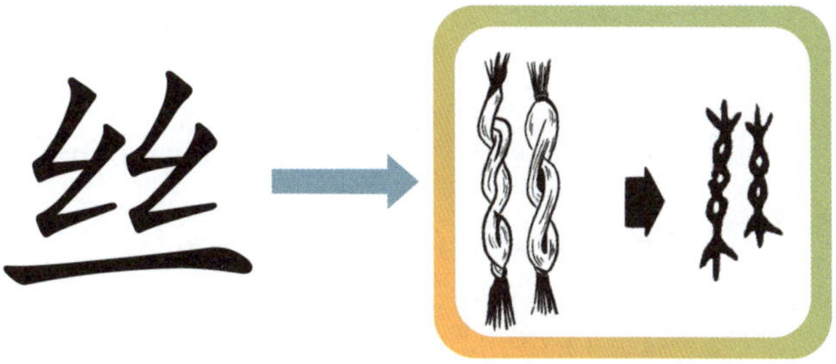

汉字“丝”在《说文解字》中的本义是指蚕吐出的像线一样的东西，是织绸缎的原料。甲骨文的“丝”字像两束丝线缠绕的样子，两端的点表示丝线的终端。金文在甲骨文的基础上，将丝线的形状表现得更加生动。小篆的“丝”字线条更加规整，将两束丝线简化为两个“糸”字并列。隶书和楷书则在小篆的基础上进一步简化，形成了现在的“丝”字。在现代汉语中，“丝”的主要意义是“蚕丝”“丝绸”或“铁丝”“粉丝”等像丝一样的东西。

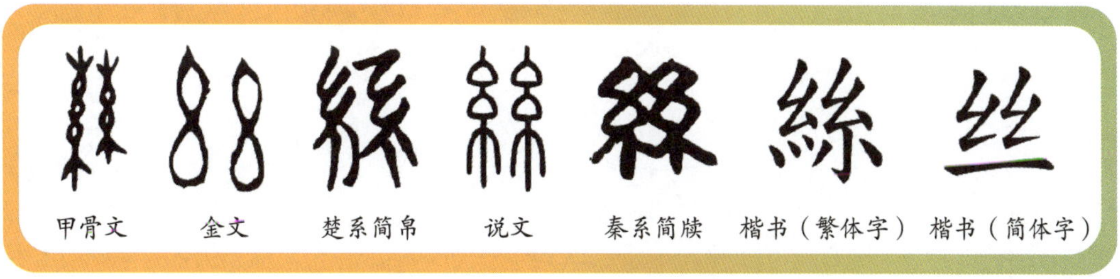

——出自汉典网

词汇学习

序号	词汇	拼音	词类	英文翻译
1	一寸缂丝一寸金	yí cùn kèsī yí cùn jīn		An inch of kesi silk is worth an inch of gold.
2	丝绸	sīchóu	名	silk
3	织锦	zhījǐn	名	brocade
4	缂丝	kèsī	动、名	kesi (silk tapestry woven with cut threads); fine woven silk fabric
5	刺绣	cìxiù	动、名	to embroider; embroidery
6	织绣	zhīxiù	名	brocade and embroidery
7	丝织品	sīzhīpǐn	名	silk fabric
8	通经通纬	tōngjīng-tōngwěi		one of the technique of weaving
9	纬线	wěixiàn	名	weft
10	经线	jīngxiàn	名	warp
11	织法	zhīfǎ	名	technique of weaving
12	通经断纬	tōngjīng-duànwěi		one of the technique of weaving
13	针线	zhēnxiàn	名	needle and thread

课堂练习1

指图说词，两人一组，比比谁说得快。

句型学习

人们把A叫作B。（HSK4）

早在5000多年前，中国就有了丝织品。周代的丝织品中就出现了织锦，纹饰和色彩都很丰富。织锦采用“通经通纬”的织法，即多根纬线与经线交织，形成各种图案。历经数千年，不同民族和地区的人们创造出风格多样的织锦，如南京云锦、四川蜀锦、苏州宋锦、广西壮锦、湖南土家锦等。

A：什么是织锦？

B：人们把用“通经通纬”织法织成的丝织品叫作织锦。

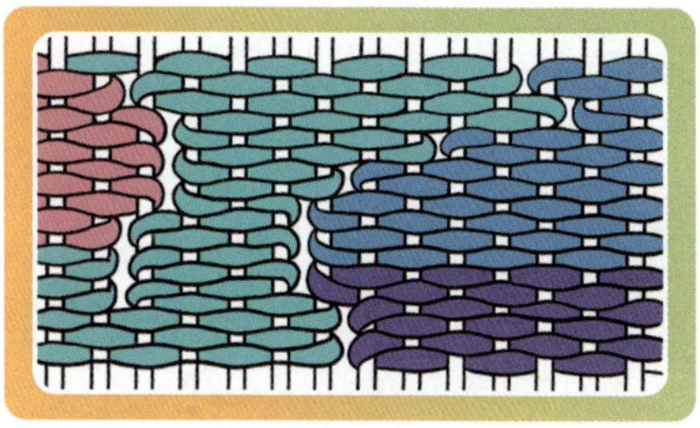

缂丝看上去像用刀在布上雕刻而成的画儿，所以又称为“刻丝”。缂丝采用“通经断纬”的织法，织物的正反两面花纹一致。从宋代到元代，缂丝一直是皇家的御用织物之一，常用于织造帝后服饰、画像和名人书画。由于织造过程极为精细，工艺复杂，且只能手工制作，耗时长，所以有“一寸缂丝一寸金”的说法。

A：什么是缂丝？

B：人们把用“通经断纬”织法织成的丝织品叫作缂丝。

刺绣是用针线在织物上绣制各类装饰图案的统称，作为中国民间传统手工艺之一，其历史有3000多年。中国的刺绣类型丰富多样，最为有名的是江苏苏绣、湖南湘绣、四川蜀绣和广东粤绣“四大名绣”。

A：什么是刺绣？

B：人们把用针线绣制的丝织品叫作刺绣。

课堂练习2

1 选择合适的词语填空。

（1）人们把用“通经断纬”织法织成的丝织品叫作____________________。（织锦　缂丝）

（2）中国的四大名绣可以充分体现中国______________的特色和艺术价值。（刺绣　织锦）

（3）这个小姑娘总是随身带着____________________包。（丝绸　针线）

（4）织布机上一条条竖着的______________被绷得紧紧的。（经线　纬线）

（5）很久以前，我们的祖先就通过_________________之路进行对外交往。（刺绣　丝绸）

（6）这种用“通经通纬”织法织成的丝织品叫作____________________。（织锦　缂丝）

（7）这个小姑娘穿上自己绣的衣服，来展示_________技巧。（针线　织绣）

（8）无论是“通经通纬”还是“通经断纬”，都是一种_______________。（织法　丝织品）

2 请猜一猜这些词语的意思，并完成下列句子。

绣娘	织成	组织	经济
经典	路线	丝线	丝毫不差

（1）____________水平的提高离不开消费。

（2）蜘蛛织网，一圈又一圈，一道又一道，像一个巧手姑娘在绣花，不久便____________一张网。

（3）新年马上就要到了，班长____________大家排练节目。

（4）人们通常把从事刺绣的女工叫作____________。

（5）这趟列车非常准时，到达时间与列车时刻表的时间____________。

（6）按照小明告诉我的__________，我找到了那家书店。

（7）学习汉语应该多背一些__________诗文，这对提高汉语水平很有帮助。

（8）绣娘用__________绣出一幅美丽的图案。

课堂练习3

1 请写出下列图片的对应词语，并使用句型“人们把A叫作B”回答问题。

（1）____________________。

（2）____________________。（3）____________________。

回答问题：

（4）什么是织锦？

（5）什么是刺绣？

（6）什么是缂丝？

❷ 请用句型“人们把A叫作B”改写下列句子。

（1）Flamenco（弗拉明戈）是一种西班牙舞蹈。

____

（2）金婚是指结婚50周年。

____

（3）葡式蛋挞是一种甜点，起源于葡萄牙。

____

（4）“网红”指在网络上走红的人。

____

第十二课

一寸缂丝一寸金 ②

课程导入

人们常说“一寸缂丝一寸金”。2006年，苏州缂丝织造技艺入选首批国家级非物质文化遗产名录。下面，我们就来进一步了解缂丝的价值吧。

教学重点

1.复习核心语素汉字“丝”及其相关词语，并会使用句型“人们把A叫作B”表达。
2.学习课文，进一步了解“缂丝”。

复习操练

1 看图说词。

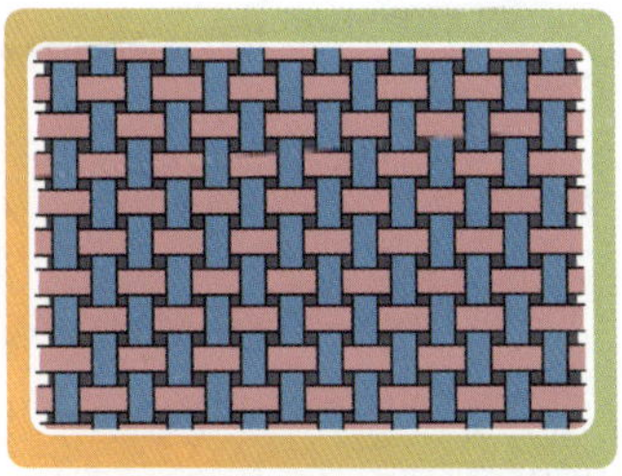

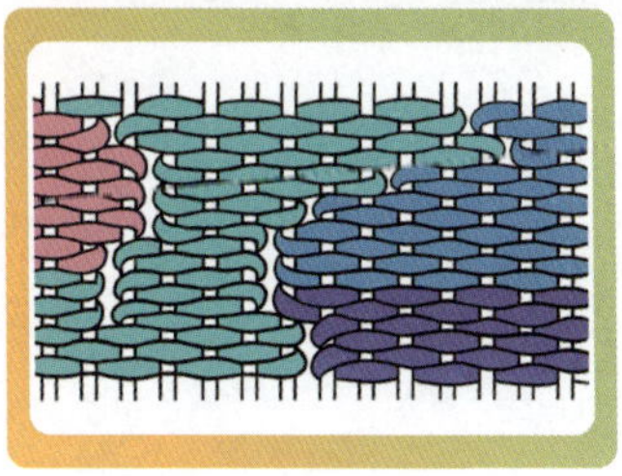

 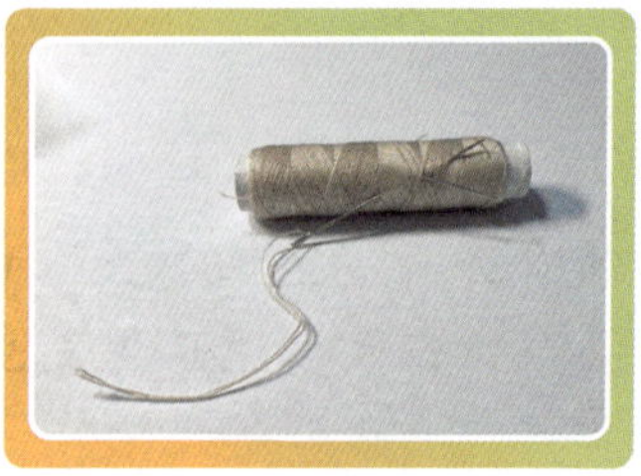 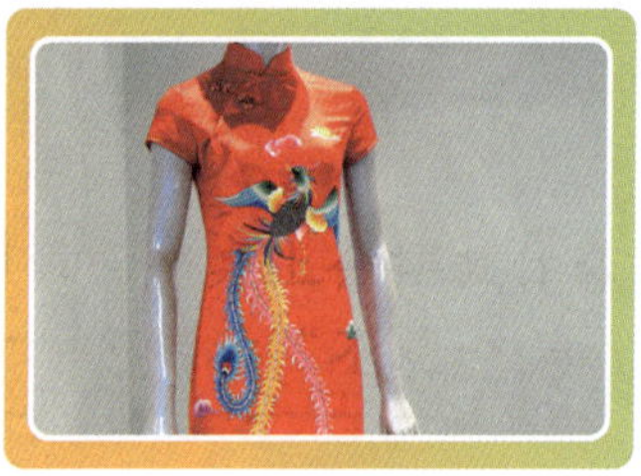

❷ 两人一组，使用句型“人们把A叫作B”改写下列句子。

（1）缂丝是用“通经断纬”织法织成的丝织品。

（2）北京故宫又叫作紫禁城。

（3）刺绣是用针线绣制的丝织品。

（4）“宅男”是指喜欢在家里待着的男生。

（5）织锦是用“通经通纬”织法织成的丝织品。

（6）“90后”是指1990—1999年出生的人。

词汇学习

序号	词汇	拼音	词类	英文翻译
1	中国风	Zhōngguófēng	名	Chinese style
2	缂丝机	kèsījī	名	Kesi loom
3	小梭子	xiǎosuōzi	名	small shuttle
4	画稿	huàgǎo	名	drawing draft
5	画笔	huàbǐ	名	brush, paintbrush
6	绣娘	xiùniáng	名	embroidery artisan
7	规则	guīzé	名、形	regulation; regular

序号	词汇	拼音	词类	英文翻译
8	花纹	huāwén	名	pattern
9	图案	tú'àn	名	design
10	专门	zhuānmén	形	particular
11	摸	mō	动	to touch, to feel

课堂练习1

1 请找出下列图片的对应词语，并把答案写下来。

中国风　　缂丝机　　小梭子　　画稿　　画笔　　绣娘

（1）

（2）

（3）

（4）

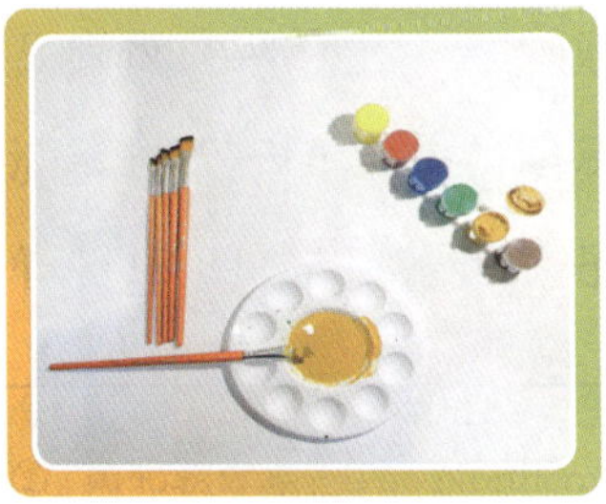

（5）

（6）

❷ 游戏练习：你答我猜。三人一组，请每个同学想5个生词表中的词语，写在下面的横线上，另两个同学问问题，只能用"是"或者"不是"回答，直到猜出所写的生词。答得又快又准的同学得分，得分多者获胜。游戏中的三个同学可轮流进行。

例如：中国风

（1）＿＿＿＿＿＿＿＿＿＿＿＿＿＿＿

（2）＿＿＿＿＿＿＿＿＿＿＿＿＿＿＿

（3）＿＿＿＿＿＿＿＿＿＿＿＿＿＿＿

（4）＿＿＿＿＿＿＿＿＿＿＿＿＿＿＿

（5）＿＿＿＿＿＿＿＿＿＿＿＿＿＿＿

课文学习

听对话，回答问题：

（1）玛丽穿了一件什么风格的衣服？

（2）中国的织绣主要包括哪些种类？

（3）什么是“通经通纬”的织法？

（4）缂丝需要什么工具？

（5）“一寸缂丝一寸金”是什么意思？

Nǐ zhè jiàn Zhōngguófēng de yīfu hǎo piàoliang ya!
大卫： 你这件中国风的衣服好漂亮呀！

Xièxie.
玛丽： 谢谢。

Zhè shàngmiàn de huā shì huà de ma?
大卫： 这上面的花是画的吗？

Zhè shì xiù shangqu de! Zhōngguó de zhīxiù fēnwéi zhī hé xiù liǎng dà lèi, zhǔyào bāokuò zhījǐn、kèsī hé cìxiù děng. Zhījǐn jiù shì duō gēn wěixiàn yǔ jīngxiàn jiāozhī, xíngchéng guīzé de huāwén hé tú'àn. Zhè zhǒng zhīfǎ jiàozuò "tōngjīng-tōngwěi" fǎ.
玛丽： 这是绣上去的！中国的织绣分为织和绣两大类，主要包括织锦、缂丝和刺绣等。织锦就是多根纬线与经线交织，形成规则的花纹和图案。这种织法叫作“通经通纬”法。

Ò, suǒyǐ rénmen bǎ yòng "tōngjīng-tōngwěi" zhīfǎ zhīchéng de sīzhīpǐn jiàozuò zhījǐn.
大卫： 哦，所以人们把用“通经通纬”织法织成的丝织品叫作织锦。

Shì de.
玛丽： 是的。

Nà shénme jiào kèsī?
大卫：那什么叫缂丝？

Kèsī jiù fùzá duō le. Kèsī xūyào zhuānmén de kèsījī, tā bǐ zhībùjī xiǎo. Lìngwài, kèsī hái xūyào hěn duō bù tóng yánsè de límǐ xiǎosuōzi. Ànzhào huàgǎo, xiǎosuōzi zài jīngxiàn shang zhīchū gèzhǒng tú'àn. Zhège xiǎosuōzi jiù xiàng huàbǐ yíyàng zài jīngxiàn shang zhīchū yì fú huàr. Zhè zhǒng zhīfǎ jiào "tōngjīng-duànwěi" fǎ.
玛丽：缂丝就复杂多了。缂丝需要专门的缂丝机，它比织布机小。另外，缂丝还需要很多不同颜色的10厘米小梭子。按照画稿，小梭子在经线上织出各种图案。这个小梭子就像画笔一样在经线上织出一幅画儿。这种织法叫"通经断纬"法。

Ā! Yòng xiàn "huà" chū yì fú huàr, zhè shízài tài nán le!
大卫：啊！用线"画"出一幅画儿，这实在太难了！

Duì ya! Suǒyǐ rénmen cái shuō "yí cùn kèsī yí cùn jīn".
玛丽：对呀！所以人们才说"一寸缂丝一寸金"。

Ò, suǒyǐ rénmen bǎ yòng "tōngjīng-duànwěi" zhīfǎ zhīchéng de sīzhīpǐn jiàozuò kèsī. Nà cìxiù hé kèsī yǒu shénme qūbié?
大卫：哦，所以人们把用"通经断纬"织法织成的丝织品叫作缂丝。那刺绣和缂丝有什么区别？

Cìxiù jiù shì zài zhīhǎo de bù shang yòng zhēnxiàn yì zhēn yì zhēn de xiùchū tú'àn. Xiùchū de tú'àn yòng shǒu kěyǐ mō chulai. Rénmen chángcháng bǎ cìxiù de nǚzǐ jiàozuò xiùniáng, bǎ yòng zhēnxiàn xiùzhì de sīzhīpǐn jiàozuò cìxiù.
玛丽：刺绣就是在织好的布上用针线一针一针地绣出图案。绣出的图案用手可以摸出来。人们常常把刺绣的女子叫作绣娘，把用针线绣制的丝织品叫作刺绣。

Mǎlì,　nǐ zhīdào de kě zhēn duō ya!
大卫：玛丽，你知道的可真多呀！

表达练习2

1 判断下面的句子是否符合课文的意思，对的画“√”，错的画“×”。

（1）织和绣的意思相同。（　）

（2）织锦的织法是“通经断纬”法。（　）

（3）缂丝中的小梭子是画笔。（　）

（4）缂丝不太贵。（　）

（5）绣娘是对刺绣女子的称呼。（　）

（6）织锦和缂丝是织出来的丝织品，刺绣是绣出来的丝织品。（　）

2 请选择下列句子中简单趋向补语“V+出”的语义，并填写对应的字母。

A：表示人或物从空间处所里面向外面移动。（To indicate that a person or an object move outward from somewhere）

B：表示使事物从隐蔽到显露。（To make something change from being hidden to being revealed）

（1）他怀着不舍的心情走出了故宫博物院。（　）

（2）这期间，家具厂又生产出一批新家具。（　）

（3）经过三天三夜的努力，他终于想出了解决这个问题的好办法。（　）

（4）她从书包里取出一本书。（　）

3 根据句意，请使用“V+出”及所给词语完成下列句子。

（1）他生气地________________________。（跑　房间）

（2）当小女孩儿看到伤心的妈妈，立刻从口袋里____________，想让妈妈开心起来。（拿　糖果）

（3）经过几天的讨论，他们终于____________________。（制订　一份旅游计划）

（4）春天就像一支画笔，________________________。（画　一幅幅美丽的风景画）

（5）他心里害怕，不敢____________________。（说　事情的真相）

4 请使用“V+出”和“人们把A叫作B”描述下面的图片，并写下来。

例如：　织锦　织　通经通纬

这是织锦。织锦是用丝线织成的。人们把用“通经通纬”织法织成的丝织品叫作织锦。

（1）缂丝　刻　通经断纬

____

____

（2）刺绣　绣　针线绣制

____

____

（3）青花瓷　画　蓝白色

____

____

表达练习3

请找一件你最喜欢的丝织品，并向同学们介绍。请至少使用一次句型“人们把A叫作B”。可以向同学展示PPT或这件丝织品。

文化知识

阅读材料六

故宫里的丝织品

请阅读本文，回答下面的问题。

1.故宫博物院收藏的织绣文物包括哪几类？

2.故宫博物院收藏的织绣书画作品约有多少件？

3.《梅花寒雀图》出自哪位织匠之手？他是哪个朝代的？

4. 乾隆皇帝最后是怎么得到这幅缂丝作品《梅花寒雀图》的？

故宫博物院藏有织绣文物18万多件。[1]这些织绣文物包括服饰、材料、陈设用织绣品和织绣书画四大类。清朝宫廷的织绣文物几乎全部留存于故宫博物院，其中完整地收藏了清代的宫廷服饰及织绣文物。织绣书画是以书画、诗文作品为蓝本（lánběn）[2]，运用织、绣等工艺技法（gōngyì jìfǎ）[3]艺术再现的艺术品。这些织绣书画通过精巧（jīngqiǎo）[4]的技艺，将中国传统书画艺术融入布料，在布面上“绘制”书画，是织绣技艺与书画艺术精髓（jīngsuǐ）[5]深度交融的绝美呈现。故宫博物院收藏的织绣书画作品约有1680件，大部分为清朝宫廷旧藏，均为进献皇家的织绣佳作，其质量在当时堪称上乘。

北京故宫博物院收藏的南宋名家沈子蕃缂丝作品《梅花寒雀图》，是故宫

① 据2017年3月30日《北京日报》刊发的报道《1862690件藏品！故宫亮最新家底》。

② 蓝本：chief source

③ 工艺技法：craftsmanship technique

④ 精巧：exquisite, ingenious

⑤ 精髓：essence, quintessence

《梅花寒雀图》

织绣类文物中极具代表性的作品。

这幅缂丝作品长104厘米，宽36厘米。匠人以十多把分别装有不同颜色丝线的小梭子代笔，巧妙搭配色彩，织就逼真生动的图案。在这幅缂丝作品中，两只寒雀栖息于枯枝之上，神态（shéntài）[1]悠然自得。四周梅花竞相绽放，展现出大自然的无限生机（wúxiàn shēngjī）[2]。

这幅缂丝作品为什么藏于北京故宫呢？这里还有一个小故事。1792年，乾隆皇帝巡幸五台山后东行，在定州（今河北省定州市）孟家庄停留。其间，乾隆等人微服寻访（wēifú xīfǎng）[3]缂丝名家沈子蕃的作品，走进一家名为“沈记缂丝坊”的店铺。店小二（diànxiǎo'èr）[4]根本不知道这几个客人里有皇帝，热情地介绍店铺的历史，并拿出一幅缂丝作品向乾隆皇帝展示。乾隆皇帝仔细一看，就发现这不是沈子蕃的作品，于是很不以为然（bùyǐwéirán）[5]。这时，店铺主人见来客气度不凡，便主动拿出镇店之宝《梅花寒雀图》给他们看。乾隆皇帝看后大为惊叹，想要购买，但店铺主人说这是传家宝，不能卖。乾隆皇帝没有办法，就向店小二要了笔墨纸砚，写下“定州缂丝坊”几个字后失望地离开了。后来，店铺不幸失火，乾隆

---

① 神态：expression, look

② 无限生机：infinite vitality

③ 微服寻访：incognito visit

④ 店小二：waiter

⑤ 不以为然：not approve of, object to

皇帝知道后大为惋惜（dàwéi wǎnxī）[1]。不过，幸运的是，《梅花寒雀图》在店小二的抢救下没有被烧毁。当店铺主人知道题字者是当朝皇帝时，立即吩咐店小二将《梅花寒雀图》献给皇帝。后来，沈记缂丝坊的织匠陆续被接到京城，成为皇室丝织作坊的成员。

---

① 大为惋惜：greatly regretful

手工体验

手工制作六　梅花香囊制作

首先购买梅花香囊制作材料包。材料包里有绣绷、绣布、绣针、填充棉、绣线、内衬布、流苏、香料和挂绳。香囊里的香料有提神醒脑的作用，对身体有益。

1

第一步，扫描说明书上的二维码，通过视频学习缎面绣、回针绣和结粒绣的针法。

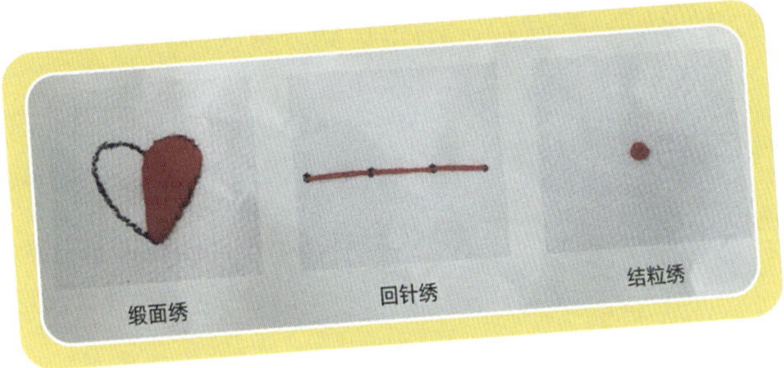

2

第二步，拧开绣绷上的螺丝钉，将绣绷拆开。

3

第三步，将绣布放进绣绷中，整理平整后，重新拧紧螺丝钉。

4

第四步，用缎面绣的针法将花瓣（3号线和4号线）、树枝（2号线）绣好。在中国的传统文化中，梅花象征高洁、坚韧的品质。所以，梅花图案在刺绣工艺中极为常见。

5

第五步，用结粒绣针法，以5号线绣花蕊，3号线绣花骨朵。

6

第六步，用回针绣针法绣出“平安”两个字（1号线）。在香囊上绣“平安”表达了对佩戴者的美好祝愿。

7

第七步，将右边的绣布放于绣绷内，用缎面绣针法绣出香囊背面的花瓣。

8

第八步，按图案将绣布剪下。

9

第九步，将两片花形绣布缝合在一起，注意预留一个口儿，以便填充香料和棉花。

10

第十步，往预留的小口儿里填入适量的香料和棉花。香囊里的香料通常是艾叶、薄荷等有提神作用的药材。

最后，用缎面绣针法缝住小口儿，搭配自己喜欢的挂绳和流苏，一个梅花香囊就做好了。

第七单元

故宫里的家具

第十三课

精美的故宫家具 ①

课程导入

大家知道故宫里用的是什么家具吗？下面，我们就来了解一下故宫里的家具吧。

教学重点

1.学习核心语素汉字“具”及其相关词语。
2.了解北京故宫的家具。
3.学习句型“既……又……”。

文化知识热身

Gùgōng Bówùyuàn xiàncún Míng Qīng jiājù yú jiàn (tào),
故宫 博物院 现存 明 清 家具 6200 余 件（套），

qízhōng Míngdài jiājù yú jiàn. Míng Qīng shíqī gōngtíng jiājù zhàn
其中 明代 家具 300 余件。明 清 时期 宫廷 家具 占

Gùgōng suǒ cáng jiājù de yǐshàng. Qīngdài jiājù bāokuò chuángtà、
故宫 所 藏 家具 的 90% 以上。清代 家具 包括 床榻、

zhuōyǐ、xiāngguì、jī'àn děng, zhǒnglèi fánduō, hái yǒu Dōngyáng jiājù
桌椅、箱柜、几案 等，种类 繁多，还有 东洋 家具

hé Xīyáng jiājù jìn jiàn. Zhèxiē jiājù chú bùfen yóu Qīnggōng
和 西洋 家具 近500件。这些 家具 除 部分 由 清宫

Zàobàn Chù zhìzuò wài, juédàduōshù láizì quánguó gèdì, qízhōng yǐ
造办 处 制作 外，绝大多数 来自 全国 各地，其中 以

Guǎngzuò (Guǎngdōng zhìzuò)、 Jīngzuò (Běijīng zhìzuò)、 Sūzuò
广 作 （广东 制作）、京 作 （北京 制作）、苏作

(Jiāngsū zhìzuò)、 Jìnzuò (Shānxī zhìzuò) zuìwéi zhùmíng.
（江苏制作）、晋作 （山西 制作）最为 著名。

核心语素汉字

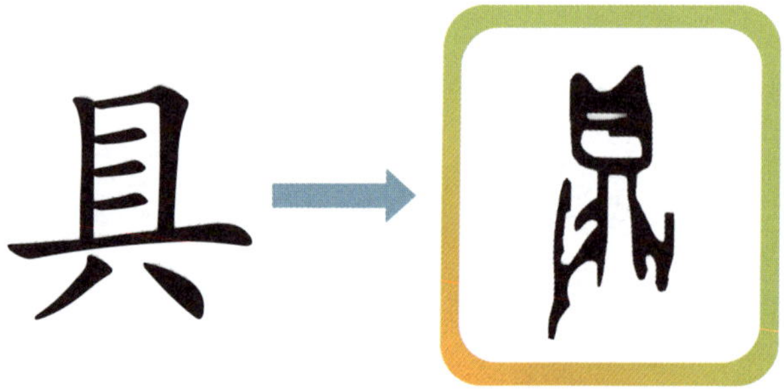

在甲骨文中，“具”字像双手捧鼎之形。《说文解字》中，“具”的本义是“共置也”，即供设（布置或安排）、准备酒食的意思。现代汉语中，“具”作为名词的第一个义项是“用具”，如家具、文具、茶具、香具等。

——出自汉典网

① “具”的甲骨文字形出自《辞海》网络版。

词汇学习

序号	词汇	拼音	词类	英文翻译
1	精美	jīngměi	形	exquisite
2	家具	jiājù	名	furniture
3	明清	Míng Qīng	专名	Ming and Qing dynasties
4	文具	wénjù	名	stationery
5	茶具	chájù	名	tea set
6	香具	xiāngjù	名	incense utensils
7	灯具	dēngjù	名	lamps and lanterns
8	方桌	fāngzhuō	名	square table
9	长桌	chángzhuō	名	long table
10	条案	tiáo'àn	名	narrow side table
11	平头案	píngtóu'àn	名	flat-heated table
12	翘头案	qiàotóu'àn	名	table with upturned ends
13	焚香	fénxiāng	动	to burn incense
14	绣	xiù	动	to embroider
15	蝙蝠	biānfú	名	bat
16	会客	huìkè	动	to receive visitors
17	床	chuáng	名	bed
18	炕	kàng	名	heated brick bed
19	柜子	guìzi	名	cabinet
20	花草	huācǎo	名	flowers and plants

序号	词汇	拼音	词类	英文翻译
21	对联	duìlián	名	antithetical couplets
22	黄花梨木	huánghuālímù	名	yellow rosewood
23	被子	bèizi	名	quilt

课堂练习1

指图说词，两人一组，比比谁说得快。

句型学习

既……又……。（HSK4）

明清家具中，桌、案、几分别属于不同的类别。桌类家具形制多样，常见的有方桌和长桌，两者都是明清时期的典型家具。从用途上看，既有高雅的琴桌、棋桌、画桌，也有用于世俗场合的宴桌（如宫廷宴席使用的宴桌）。

故宫里既有方桌，又有长桌。

案，又叫条案。在传统家具中，案与桌的明显差别是：桌的四腿在四个角，案的四腿常向内缩。案主要分为平头案与翘头案。平头案的案面平直，两端没有额外的装饰；翘头案的两端向上翘起，比较美观。古人用条案读书写字或陈设祭祀用具，使其兼具实用与礼仪功能。

故宫里既有平头案，又有翘头案。

在传统家具中，常见的几有炕几与香几。炕几较为低矮，适合在炕上使用；香几通常相对较高，几面的大小则因款式而异。在古代，几的用途广泛，既用于喝茶、焚香等休闲活动，又可用于陈设装饰。在现代生活中，茶几最为常见。

故宫里既有炕几，又有香几。

在中国传统文化里，蝙蝠因“蝠”与“福”谐音，象征福气、幸福与吉祥。明清龙袍常绣着蝙蝠纹、五彩云纹等，表达对皇帝及其统治的美好祈愿。

龙袍上既绣着蝙蝠纹，又绣着五彩云纹，象征着幸福和吉祥。

寿康宫是清代皇太后居住的地方。清代皇帝通常每隔两三日前往寿康宫向皇太后请安，展现皇家的礼制温情。

这里既是皇太后会客的地方，又是举行典礼的地方。

课堂练习2

1 选择合适的词语填空。

（1）在中国古代，人们常常在____________上读书写字。（长桌　条案）

（2）案面平直、两端没有装饰的家具叫______________。（平头案　翘头案）

（3）____________一般是不能移动的，冬天可以烧火取暖。（床　炕）

（4）春节快到了，家家户户都会张贴一副有吉祥寓意的__________________。（对联　福字）

（5）中国古代的几是可以用来___________的家具。（焚香　写字）

（6）绣着的___________有福气满满的意思。（龙　蝙蝠）

（7）乾隆皇帝的母亲住在________________。（乾清宫　寿康宫）

（8）____________不是皇帝的妻子，而是他的母亲。（皇后　皇太后）

2 请猜一猜这些词语的意思，并完成下列句子。

皇太后	柜子	会客	花草
乾隆皇帝	对联	家具	蝙蝠

（1）我猜，上面贴的________也是皇帝写的。

（2）商场里的咖啡厅是交友________的好地方。

（3）这个________是黄花梨木做的，一般用来放衣服。

（4）寿康宫有一个展览，里面的所有________都是当年的样子。

（5）这个炕在________居住的寿康宫后殿。

（6）中国传统建筑和衣服上的________象征着有福气。

（7）被子上绣着________的图案。

（8）________是清代历史上寿命最长的皇帝。

课堂练习 3

❶ 请用生词表中的词语填空，并使用句型“既……又……”来介绍。

例如：<u>方桌　　长桌</u>

<u>故宫里既有方桌，又有长桌。</u>

（1）________________

____

（2）____

____

（3）____

____

2 这是寿康宫里的一张图片，请你使用句型“既……又……”向同学介绍一下。

例如：这里皇太后既可以躺着休息，又可以坐着聊天儿。

（1）____________既____________________又____________________。

（2）____________既____________________又____________________。

（3）____________既____________________又____________________。

（4）____________既____________________又____________________。

第十四课

精美的故宫家具 ②

课程导入

故宫里的寿康宫专门办了一个家具展，我们来看看这个家具展里的明清家具吧。

教学重点

1.复习核心语素汉字“具”及其相关词语，并用句型“既……又……”来描述图片。

2.学习课文，了解故宫家具展的特点，尝试用汉语表达。

复习操练

1 看图说词。

② 看图说话，请用句型“既……又……”来描述下面的图片。

词汇学习

序号	词汇	拼音	词类	英文翻译
1	五颜六色	wǔyán-liùsè		colourful
2	珍宝	zhēnbǎo	名	treasure
3	展览	zhǎnlǎn	名	exhibition
4	奢侈	shēchǐ	形	extravagant
5	宝座	bǎozuò	名	throne
6	当年	dāngnián	名	in those days
7	屏风	píngfēng	名	screen
8	游客	yóukè	名	tourist
9	听说	tīngshuō	动	hear of, be told
10	立	lì	动	to stand

表达练习1

1 请根据下面的解释，写出正确的词语。

（1）指各种颜色。 （ ）

（2）珠玉宝石的总称，比喻有价值的东西。 （ ）

（3）陈列出来供人观看。 （ ）

（4）花费过多钱财，过分追求享受。 （ ）

（5）指帝王或神佛的座位，多用于比喻。 （ ）

（6）指过去某一时间。 （ ）

2 请找出下列图片的对应词语，并把答案写下来。

屏风　　宝座　　游客　　绣　　珍宝　　家具

（1）

（2）

（3）

（4）

（5）

（6）

课文学习

听对话，回答问题：

（1）谁居住在寿康宫？

（2）寿康宫有什么展览？

（3）故宫现存多少件明清家具？

（4）乾隆皇帝是个怎样的儿子？

（5）寿康宫里有一件故宫最大的家具，它是什么？

Zánmen qù Shòukāng Gōng kànkan ba, nàr shì Qiánlóng huángdì de mǔqin jūzhù de dìfang.

老师： 咱们去寿康宫看看吧，那儿是乾隆皇帝的母亲居住的地方。

Hǎo de, tīngshuō Shòukāng Gōng yǒu yí gè zhǎnlǎn, lǐmiàn de suǒyǒu jiājù dōu shì dāngnián de yàngzi.

大卫： 好的，听说寿康宫有一个展览，里面的所有家具都是当年的样子。

Méi cuò, Gùgōng li xiàncún duō jiàn Míng Qīng jiājù ne.

老师： 没错，故宫里现存6200多件明清家具呢①。

Lǎoshī kuài kàn, zhèr yǒu yí gè bǎozuò, shì huángdì zuò de ma? Tài piàoliang le!

玛丽： 老师快看，这儿有一个宝座，是皇帝坐的吗？太漂亮了！

Zhè bú shì huángdì de bǎozuò, shì huángdì de mǔqin —— huángtàihòu de bǎozuò. Bǎozuò hòumiàn lìzhe yí zuò píngfēng, shì Qiánlóng huángdì zài tā mǔqin suì shēngrì shí sòng de lǐwù.

老师： 这不是皇帝的宝座，是皇帝的母亲——皇太后的宝座。宝座后面立着一座屏风，是乾隆皇帝在他母亲80岁生日时送的礼物。

---

① 参见2021年3月16日故宫博物院网站发布的题为《历史的温度——故宫家具馆的故事》的文章。

Kànlái Qiánlóng huángdì shì gè xiàoshùn de érzi a!
玛丽： 看来 乾隆 皇帝 是个 孝顺 的儿子啊！

Shì ya. Nǐmen kàn, zhè jiān wūzi li yǒu zhème dà de yì zhāng chuáng, cóng qiáng yìzhí dào chuānghu.
大卫： 是呀。你们 看，这 间屋子里有 这么 大的 一 张 床，从 墙 一直 到 窗户。

Zhè bú shì chuáng, ér shì "kàng". Huángtàihòu zài kàng shang jì kěyǐ tǎngzhe xiūxi, yòu kěyǐ zuòzhe liáotiānr.
老师： 这 不 是 床，而 是"炕"。皇太后 在 炕 上 既 可以 躺着 休息，又 可以 坐着 聊天儿。

Ò! Yuánlái shì zhèyàng. Wǒ cāi shàngmiàn de duìlián yě shì huángdì xiě de.
大卫： 哦！原来是 这样。我猜 上面 的对联 也是 皇帝 写的。

Wǒ dài nǐmen qù kànkan huángtàihòu de chuáng shì shénme yàngzi de ba.
老师： 我带你们去看看 皇太后 的 床 是什么 样子的吧。

Wā! Zhè shì Qiánlóng huángdì māma de wòshì ma? Kàn shangqu tā shuìjiào de chuáng bú tài dà, búguò chuáng shang de bèizi wǔyán-liùsè de.
玛丽： 哇！这 是 乾隆 皇帝 妈妈 的 卧室吗？看 上去 她 睡觉 的 床 不 太 大，不过 床 上 的 被子 五颜六色的。

Nǐmen zǐxì kàn, bèizi shang jì xiùzhe huācǎo, yòu xiùzhe biānfú, dōu shì jíxiáng de yìsi.
老师： 你们 仔细 看，被子 上 既 绣着 花草，又 绣着 蝙蝠，都 是 吉祥 的 意思。

Zhēn měi a! Lǎoshī, zhè zhāng zhuōzi yòu zhǎi yòu cháng.
玛丽： 真 美啊！老师，这 张 桌子 又 窄 又 长。

Zhè bú shì zhuōzi, zhè jiào "tiáo'àn". Zài gǔdài, tiáo'àn jì
老师： 这不是 桌子，这 叫 "条案"。在 古代，条案 既

kěyǐ dúshū, yòu kěyǐ xiězì. Nǐmen kàn zhè zhāng tiáo'àn
可以读书，又可以写字。你们 看 这 张 条案

shang hái bǎizhe cíqì、 zhōngbiǎo ne.
上 还 摆着瓷器、钟表 呢。

Nà jiān wūzi chūlái hǎoduō yóukè, zánmen qù kànkan yǒu shénme
大卫：那间屋子出来好多 游客，咱们去看看有 什么

bǎobèi ba.
宝贝吧。

Wā! Zhème dà de guìzi!
玛丽：哇！这么大的柜子！

Zhège guìzi shì huánghuālímù zuò de, érqiě shì Gùgōng zuì dà de
老师：这个柜子是 黄花梨木 做的，而且是 故宫 最 大的

huánghuālí jiājù. Búguò, guìzi li jì méi fàng yīfu, yòu
黄花梨 家具。不过，柜子 里既 没 放 衣服，又

méi fàng bèizi, zhǐ fàngle huángtàihòu xīn'ài de zhēnbǎo.
没 放 被子，只 放了 皇太后 心爱 的 珍宝。

Ā?! Huángtàihòu tài shēchǐ le!
大卫：啊？！皇太后 太奢侈了！

表达练习2

1 判断下面的句子是否符合课文的意思，对的画“√”，错的画“×”。

（1）故宫里现存的家具都是明朝和清朝的。（　）

（2）寿康宫里的宝座是皇帝坐的。（　）

（3）寿康宫里有一件家具，是乾隆皇帝送给皇太后的生日礼物。（　）

（4）寿康宫的“床”从墙一直到窗户。（　）

（5）寿康宫的炕上有一副对联，是皇太后的亲笔书法。（　）

（6）寿康宫里的条案不是用来吃饭的。（　）

❷ 根据课文的例句完成句子。

- 宝座后面立着一座屏风。
- 这张条案上还摆着瓷器、钟表呢。

以上句子为存现句，其结构为“处所+V着+NP”。请根据寿康宫的图片，用所给的词语完成句子。

（1）墙上____________________________。（挂　对联）

（2）炕上____________________________。（放　炕几）

（3）正上方__________________________。（挂　匾额）

（4）________________________________。（匾额　放　宝座）

（5）________________________________。（宝座　立　屏风）

（6）________________________________。（柱子　挂　对联）

3 游戏练习：飞花令。请三组学生比赛说存现句“处所+V着+NP”结构，每组两人。A同学说完一句，B同学说，B同学说完，A同学再说，说对得一分，直到同一组的两个同学都说不出来为止，得分多者胜。

（1）________________。

（2）________________。

（3）________________。

（4）________________。

（5）________________。

（6）________________。

（7）________________。

（8）________________。

4 请用句型“既……又……”和存现句“处所+V着+NP”结构描述下面的场景，不少于5句话，至少用1次存现句“处所+V着+NP”结构和句型“既……又……”。

（1）

____

____

____

____

____

（2）

____

____

____

____

____

表达练习3

请同学们介绍一下自己家里或宿舍里的家具和摆设，并用句型“既……又……”和存现句“处所+V着+NP”描述。可以向同学展示PPT或图片。

文化知识

阅读材料七

故宫里的家具

请阅读本文，回答下面的问题。

1.为什么鹿在中国古代被认为是吉祥的动物？

2.中国古代皇帝为什么特别喜欢鹿角？

3.故宫里现存的鹿角椅有几把？

4.故宫里的鹿角椅有什么功能和寓意？

说起鹿这种动物，在西方文化里人们大多会想到圣诞老人驾驶的驯鹿雪橇，其中的领头鹿是红鼻子鲁道夫（Rudolph）。那么，你知道在中国文化中有哪些与鹿有关的故事吗？鹿自古被中国人视作瑞兽(ruìshòu)①，有“鹿寿千岁”的说法，它常与象征健康长寿的灵物“鹤”一起出现在中国古代的吉祥图案中。

① 瑞兽：auspicious animals

福禄寿三位神仙

另外，中国民间有福禄寿三位神仙，其中“禄”与“鹿”谐音，象征功名利禄。寿星代表长寿，身旁常伴着鹿与仙鹤，二者的寓意都是长寿。可见，中国人对鹿情有独钟，古代皇帝尤其喜爱鹿角，因其造型优美，既可用作装饰品，又能为帝王家具设计带来灵感。故宫就珍藏着这样的家具——鹿角椅(lùjiǎoyǐ)[1]。

故宫博物院现藏有5把鹿角椅，其中3把为康熙时期制作，两把为乾隆时期制作。这些椅子所用的鹿角都是清代皇家狩猎(shòuliè)[2]的猎物。下面所展示的是故宫鹿角椅中“最有文化”的一把——刻有皇帝御制诗(yùzhìshī)[3]的鹿角椅。其形制为圈椅式(quānyǐshì)[4]，椅背由一只鹿的全角打造，工匠利用鹿角的形态特征及其根部坚硬(jiānyìng)[5]的特性来制作椅子腿，尽显奇思妙想(qísī-miàoxiǎng)[6]。

---

① 鹿角椅：antler chair

② 狩猎：hunting

③ 御制诗：poems composed by the emperor

④ 圈椅式：round-backed armchair

⑤ 坚硬：hard

⑥ 奇思妙想：fantastic ideas

这把鹿角椅的座面为黄花梨木，鹿角中间的背板由紫檀木(zǐtánmù)[1]制成，背板上刻有乾隆皇帝所作的《恭咏皇祖鹿角椅》(Gōng Yǒng Huángzǔ Lùjiǎoyǐ)[2]御制诗。

这首诗创作于乾隆三十七年（1772）。从诗句可知，这把椅子上的鹿角取自康熙皇帝亲自狩猎的鹿。乾隆皇帝爱彰显自己的文化素养，习惯在书画器物上题字盖章，这把鹿角椅也不例外。

鹿角椅

从御制诗可看出，乾隆皇帝十分喜爱这把鹿角椅。这把鹿角椅的鹿角造型独特，座椅的设计符合人体工程学(réntǐ gōngchéngxué)[3]原理，兼具观赏性与实用性。更关键的是，其独特的结构能起到类似“点穴(diǎnxué)[4]”的刺激效果，其功能堪比现代的按摩椅(ànmóyǐ)[5]，因此深受乾隆皇帝喜爱。

按摩椅

“鹿”与“福禄寿”中的“禄”发音相同，皇帝选用鹿角

---

① 紫檀木：padauk

② 《恭咏皇祖鹿角椅》：Ode in Reverence to the Antler Chair of the Imperial Ancestor.

③ 人体工程学：ergonomics

④ 点穴：acupoint pressing

⑤ 按摩椅：massage armchair

椅，有长寿、富贵的寓意。鹿角不仅具有防御(fángyù)[①]之效，鹿温顺(wēnshùn)[②]善良，喜居安宁祥和之地，所以鹿角椅还代表着皇帝对国家太平与长治久安的期盼(qīpàn)[③]。

① 防御：defense

② 温顺：docile

③ 期盼：to look forward to

手工体验

手工制作七　红木雕花椅模型制作

首先需购买红木雕花椅的拼图，同时准备好颜料和画笔。红木家具通常指由酸枝木、花梨木等优质红木制成的家具。明清时期流传下来的红木家具历经数百年仍未变形，彰显出红木的优良特性。

1

第一步，从木板上拆下五块拼图，分别对应红木雕花椅的背板、座板、两个扶手和椅脚。雕花椅是红木家具的重要品类。

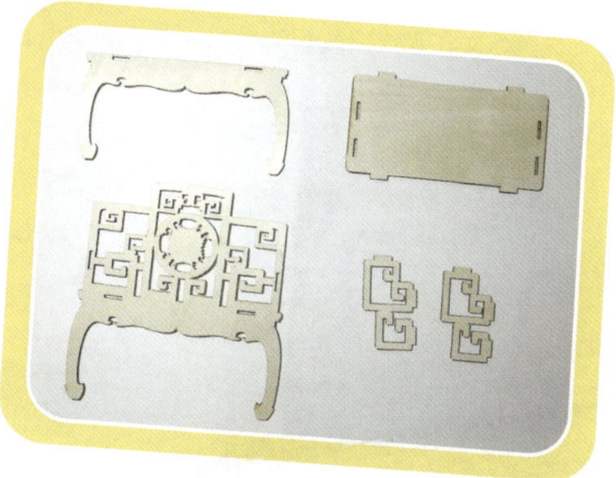

2

第二步，如图所示，将椅子的背板与座板拼插在一起。

3

第三步，将椅子扶手和椅腿拼插在背板和座板的对应位置上。

4

第四步，用棕色与红色调出红木色，为椅子的主体填色。雕花椅的装饰图案多含美好祝福，如这把雕花椅上的万字纹（即“卍”字纹样）就有万福万寿的寓意。

5

第五步，用红、黄两色涂绘椅背花纹。工匠们擅长雕刻图腾、花草、神话故事等各类纹饰，文字也常用于装饰。

6

第六步，待颜料变干，气派的红木雕花椅模型就制作完成了。

第八单元

故宫里的钟表

语言学习

第十五课

中西合璧的钟表 ①

课程导入

钟表是现代人的日常用品，而中国古代最早大规模使用钟表的地方则是紫禁城，也就是现在的北京故宫。下面我们就来了解一下皇帝及其家人用过的钟表吧。

教学重点

1. 学习核心语素汉字“钟”及其相关词语。
2. 了解北京故宫钟表藏品的特点。
3. 学习句型“……，尤其是……”。

文化知识热身

Gùgōng Bówùyuàn zhēncángzhe shàng qiān jiàn huáguì zhōngbiǎo，dàduō
故宫 博物院 珍藏着 上 千 件 华贵 钟表，大多

zhìzào yú shíbā、 shíjiǔ shìjì， qízhōng bùshǎo láizì Yīngguó、 Fǎguó、
制造 于 十八、十九 世纪，其中 不少 来自 英国、 法国、

Ruìshì、 Rìběn děng guó； bùfen shì guóchǎn zhōngbiǎo，yóu Qīnggōng
瑞士、日本 等 国； 部分 是 国产 钟表， 由 清宫

Nèiwù Fǔ Zàobàn Chù jí Guǎngzhōu、Sūzhōu děng dì de zhōngbiǎo jiàngrén
内务府 造办 处 及 广州、 苏州 等 地的 钟表 匠人

zhìzào. Dāngnián Qīnggōng shōucáng de zhōngbiǎo yuǎn bùzhǐ zhèxiē, huánggōng
制造。当年 清宫 收藏 的 钟表 远 不止 这些， 皇宫

jīhū měi gè jiǎoluò dōu bǎifàngzhe zhōngbiǎo. Gùgōng li de zhōngbiǎo shì
几乎 每 个 角落 都 摆放着 钟表。 故宫里的 钟表 是

Míngcháo hòuqī xīxué-dōngjiàn de chǎnwù, yě shì Míng Qīng shíqī zhōngxī
明朝 后期 西学 东渐 的 产物，也是 明 清 时期 中西

wénhuà jiāoliú de zhòngyào yícún.
文化 交流 的 重要 遗存。

核心语素汉字

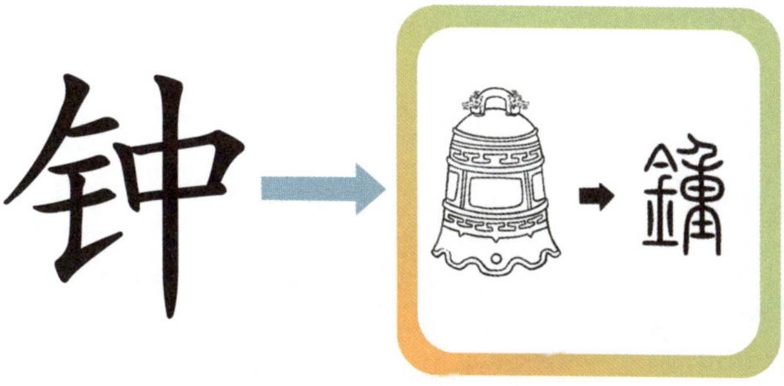

“钟”是形声字。在《说文解字》中，“钟”的本义是一种打击乐器，是古代宗庙祭祀或宴会上使用的乐器，形状像铃而较大。在现代汉语中，“钟”字的基本义是计时器具，引申为钟点、集中或专一等意思。

金文　　说文　　楷书（繁体字）　　楷书（简体字）

——出自汉典网

词汇学习

序号	词汇	拼音	词类	英文翻译
1	中西合璧	zhōngxī-hébì		a combination of Chinese and Western elements
2	钟	zhōng	名	clock
3	法国	Fǎguó	专名	France
4	瑞士	Ruìshì	专名	Switzerland
5	产物	chǎnwù	名	outcome, product
6	太平有象钟	tàipíng-yǒuxiàng zhōng	名	the clock with the symbol of peace and prosperity
7	瓷瓶钟	cípíngzhōng	名	porcelain bottle clock
8	自鸣钟	zìmíngzhōng	名	chime clock
9	福禄寿钟	fúlùshòu zhōng	名	the clock with Fu, Lu, Shou immortals
10	做钟处	Zuòzhōng Chù	专名	office for making clocks
11	中国制造	Zhōngguó zhìzào		made in China
12	太平有象	tàipíng-yǒuxiàng		auspicious patterns are often painted with elephants carrying treasure bottles, symboling peace and prosperity
13	万寿无疆	wànshòu-wújiāng		May you live a long and boundless life.
14	怀表	huáibiǎo	名	pocket watch
15	满族	Mǎnzú	专名	the Manchu ethnic group
16	表	biǎo	名	watch
17	福禄寿	Fú-Lù-Shòu	专名	the three immortals of happiness, emolument and longevity

课堂练习1

指图说词，两人一组，比比谁说得快。

句型学习

……，尤其是……。（HSK5）

故宫收藏的钟表可分为中国钟表和欧洲钟表两大类。中国钟表包括清宫做钟处制造的和广州、苏州等地制造的。

故宫里中国制造的钟表不少，尤其是清宫做钟处制造的。

故宫收藏的欧洲钟表主要来自英、法、瑞士等国。其中，英国钟不仅造型精美，而且数量最多，如太平有象钟、写字人钟等。故宫收藏的钟表里有很多太平有象的造型，其寓意是吉祥和太平。

故宫收藏的外国钟表很多，尤其是英国钟。

故宫里的外国钟表，通过贸易、官员进献、外国使团赠送等途径入宫，有的是中西合璧的产物，如法国瓷瓶钟、瑞士自鸣钟等。自鸣钟最早是由西方传教士带入中国的。

我喜欢法国瓷瓶钟和瑞士自鸣钟，尤其是法国瓷瓶钟。

写字人钟共四层。顶层的圆形亭子里，两人边跳舞边展开写有“万寿无疆”的字幅。第二层有个敲钟人，每逢3点、6点、9点、12点，便会奏乐报时。第三层为钟表计时装置。底层的写字人装置与上层的钟表机械相互独立，只要上弦开动就能演示书写功能。

英国的钟表很精美，尤其是写字人钟。

写字人的形象是一位单腿跪地的欧洲绅士，他一手扶案，一手握笔。按动开关后，写字人就会在纸上写下“八方向化，九土来王”，这句话的意思是天下人都接受君主的教化，表示臣服，其字迹工整有力。写字人的头还会随着书写动作而摆动。

写字人钟设计精巧，尤其是按动开关后，写字人的头还会随着书写动作而摆动。

瑞士的珐琅怀表上面有两个中国人，穿着满族服装。

故宫的很多钟表都是中西合璧的产物，尤其是这块瑞士怀表，上面有两个穿着满族服装的中国人。

课堂练习2

1 选择合适的词语填空。

（1）我们现在很少有人戴________了，都用手机看时间。（表　钟）

（2）西方传教士将________带到了中国，献给了明朝的皇帝。（瓷器　自鸣钟）

（3）________是清朝宫廷里负责制作和修钟表的部门。（造办处　做钟处）

（4）故宫收藏的钟有很多是________的造型，寓意是吉祥和太平。（福禄寿　太平有象）

（5）英国的写字人钟做得极其________。（精美　吉祥）

（6）这个法国钟的造型是________样式的，因为中国的瓷器那时远销欧洲。（珐琅　瓷瓶）

（7）这不是普通的手表，而是一块放在衣服口袋里的________。（怀表　钟表）

（8）________是中国的一个少数民族。（满族　汉族）

2 请猜一猜这些词语的意思，并完成下列句子。

外事处	瓷器	太平盛世	长寿
中西方	珐琅彩	福气	敲钟

（1）在古代，________记录时间的方法不同。

（2）王大爷，您真有________，您的孩子这么孝顺！

（3）古代中国在部分城市（如都城）会通过________等方式报时。

（4）________作为瓷器的装饰方法成熟于清代康熙年间。

（5）古代中国皇帝都希望自己的统治时期是________。

（6）一所大学的________主要负责统筹学校的国际交流与合作事务。

（7）________的英文china与中国有关。

（8）“福如东海，寿比南山”是中国祝老人________的常用语。

课堂练习3

1 请根据图片写出对应词语，并使用句型“……，尤其是……”回答问题。

（1）________

（2）________

（3）________

(4) ____________

(5) ____________

回答问题：

（6）北京故宫收藏了很多外国钟表吗？

（7）英国的钟表怎么样？

（8）故宫里的很多钟表都是中西合璧的产物吗？

（9）瓷瓶钟和自鸣钟你喜欢哪一个？

（10）中国古代制作的钟表种类繁多吗？

2 根据图片，请使用句型"……，尤其是……"完成句子。

（1）

他非常喜欢运动，

____________________________。

（2）

玛丽喜欢吃中国菜，

______________________________。

（3）

大卫特别想去中国旅游，

______________________________。

（4）

这些孩子非常喜欢学习语言，

______________________________。

第十六课

中西合璧的钟表 ②

课程导入

你想去参观故宫钟表馆吗？下面我们就一起来看看钟表馆里收藏的宫廷钟表吧。

教学重点

1. 复习核心语素汉字“钟”及其相关词语，并会使用句型“……，尤其是……”表达。
2. 学习课文，了解故宫钟表馆的特点。

复习操练

1 看图说词。

❷ 两人一组，轮流使用句型“……，尤其是……”改写下列句子。

（1）
瓷瓶钟和自鸣钟我都喜欢，其中最喜欢的是瓷瓶钟。

（2）
英国的钟表很精美，其中最精美的是写字人钟。

（3）
故宫收藏了很多外国钟表，其中英国钟最多。

（4）
故宫里的神兽非常多，其中龙的数量最多。

（5）
北京故宫的宫殿都很大，其中最大的是太和殿。

（6）
宋代的瓷器非常有名，其中最有名的是天青汝瓷。

词汇学习

序号	词汇	拼音	词类	英文翻译
1	钟表馆	Zhōngbiǎo Guǎn	专名	museum of clock and watch
2	万象更新	wànxiàng-gēngxīn		everything takes on a new look
3	奇妙	qímiào	形	wonderful
4	纪录片	jìlùpiàn	名	documentary (film)

序号	词汇	拼音	词类	英文翻译
5	福如东海	fúrúdōnghǎi		May your happiness be as boundless as the Eastern Sea.
6	寿比南山	shòubǐnánshān		May your lifespan be as long as that of the Southern Mountain.
7	八九不离十	bā jiǔ bù lí shí		pretty close, about right
8	师傅	shīfu	名	craftsman
9	含义	hányì	名	meaning, implication
10	吉利	jílì	形	propitious, auspicious
11	摆来摆去	bǎilái-bǎiqù		swing back and forth
12	八方向化	bāfāng-xiànghuà		All directions submit to the rule and embrace the civilization.
13	九土来王	jiǔtǔ-láiwáng		Kings from all over the land come to pay homage.
14	臣服纳贡	chénfú nàgòng		submit to and pay tribute

表达练习1

1 请根据下面的解释，写出正确的词语。

（1）事物或景象改换了样子，出现了新气象。（　　）

（2）稀奇巧妙（多形容令人感兴趣的新奇事物）。（　　）

（3）专门报道某一问题或事件的影视作品。（　　）

（4）福气像东海一样无边无际。用作对人的祝福。（　　）

（5）寿命像终南山一样长久。用于对老年人的祝福。（　　）

（6）几乎接近（实际情况）。（　　）

2 连线题：找出四字成语并连线。

吉祥	三折
寿比	凤舞
福如	东海
万寿	南山
龙飞	如意
一波	无疆

课文学习

听对话，回答问题：（1）玛丽和大卫为什么去参观钟表展？
（2）故宫收藏的钟表有多少件？
（3）太平有象钟有什么特点？
（4）“太平有象”和“福禄寿”在中国文化里有什么含义？
（5）写字人钟有什么特点？

Lǎoshī, wǒ zuìjìn kànle jìlùpiàn 《Wǒ zài Gùgōng xiū wénwù》, tài hǎokàn le! Wǒ yóuqí xǐhuan xiū zhōngbiǎo de Wáng Jīn shīfu.
玛丽： 老师，我最近看了纪录片《我在故宫修文物》，太好看了！我尤其喜欢修钟表的王津师傅。

Wǒ yě kànle, hòulái wǒmen hái qù Gùgōng cānguānle Zhōngbiǎo Guǎn. Gùgōng shōucáng de zhōngbiǎo yǒu duō jiàn, zài Zhōngbiǎo Guǎn zhǎnlǎn de yǒu duō jiàn.
大卫： 我也看了，后来我们还去故宫参观了钟表馆。故宫收藏的钟表有1600多件①，在钟表馆展览的有100多件。

Shì de, Zhōngguó zhìzào de zhōngbiǎo bùshǎo, yóuqí shì Qīnggōng Zuòzhōng Chù zào de.
老师： 是的，中国制造的钟表不少，尤其是清宫做钟处造的。

Lǎoshī, wǒ yìnxiàng zuì shēn de shì Guǎngzhōu zào de liǎng gè zhōng, yí gè jiào tàipíng-yǒuxiàng zhōng, yí gè jiào fúlùshòu zhōng.
大卫： 老师，我印象最深的是广州造的两个钟，一个叫太平有象钟，一个叫福禄寿钟。

---

① 据2024年3月29日求是网发布的文章《故宫文物藏品：中华文明的瑰宝与历史印记》。

Tàipíng-yǒuxiàng zhōng shàngmiàn yǒu yì zhī dàxiàng, xiàngbízi kěyǐ
太平有象 钟 上面 有一只大象，象鼻子可以

suízhe yīnyuè juǎn qilai. Fúlùshòu zhōng yǒu Fú-Lù-Shòu sān wèi
随着音乐卷起来。福禄寿 钟 有福禄寿 三 位

shénxiān, tāmen shēnbiān hái yǒu biānfú hé lù.
神仙，他们 身边 还有 蝙蝠和鹿。

Nǐmen zhīdào "tàipíng-yǒuxiàng" hé "Fú-Lù-Shòu" zài Zhōngguó
老师： 你们知道"太平 有象"和"福禄寿"在 中国

wénhuà zhōng de hányì ma?
文化 中 的含义吗？

Zhīdào. Zài Zhōngguó wénhuà zhōng, xiàng、biānfú hé lù dōu yǒu
大卫： 知道。在 中国 文化 中，象、蝙蝠和鹿都 有

jíxiáng de yùyì. Xiàng de yùyì shì wànxiàng-gēngxīn, biānfú de
吉祥 的寓意。象 的寓意是 万象更新，蝙蝠的

yùyì shì fúqi, lù de yùyì shì cáifù.
寓意是 福气，鹿的寓意是财富。

Wǒ yě zhīdào, Fú-Lù-Shòu sān wèi shénxiān de yùyì shì xìngfú、
玛丽： 我也知道，福禄寿 三 位 神仙 的寓意是 幸福、

cáifù、chángshòu. Yǒushí tāmen shǒu li hái názhe
财富、长寿。有时 他们 手 里 还 拿着

"fúrúdōnghǎi" "shòubǐnánshān" děng jílì yǔ de tiáofú.
"福如东海""寿比南山"等 吉利语的条幅。

Jiěshì de tèbié hǎo! Gùgōng shōucáng de zhōngbiǎo chúle Zhōngguó
老师： 解释得特别好！故宫 收藏 的 钟表 除了 中国

zhìzào de, hái yǒu hěn duō wàiguó zhōngbiǎo, yóuqí shì
制造 的，还 有 很 多 外国 钟表，尤其 是

Yīngguó zhōng.
英国 钟。

Lǎoshī, nǐn shuō de duì. Wǒ zuì xǐhuan de jiù shì Yīngguó zhìzào de
玛丽： 老师，您说 得对。我最喜欢的就是英国 制造的

xiězìrén zhōng, nàge rén jìngrán kěyǐ xiězì! Jiǎnzhí tài yǒu
写字人钟，那个人竟然可以写字！简直太有

yìsi le!
意思了！

Shì de. Xiězìrén shǒushang názhe máobǐ, xiězì de shíhou
大卫： 是的。写字人手上拿着毛笔，写字的时候

máobǐ kěyǐ shàngxià zuǒyòu yídòng, tā de tóu yě huì suízhe
毛笔可以上下左右移动，他的头也会随着

xiězì de dòngzuò bǎilái-bǎiqù, Jiǎnzhí tài qímiào le!
写字的动作摆来摆去，简直太奇妙了！

Wǒ juéde xiězìrén zhōng de shèjì fēicháng jīngqiǎo, yóuqí shì
玛丽： 我觉得写字人钟的设计非常精巧，尤其是

xiězìrén xiězì shí de jīguān.
写字人写字时的机关。

Tā xiě de shì shénme zì?
老师： 他写的是什么字？

Wǒ zhīdào! Wǒ zhīdào! Hǎoxiàng shì “bā” shénme “jiǔ”
大卫： 我知道！我知道！好像是“八”什么“九”

shénme de.
什么的。

Dàwèi shuō de shì shénme ya, hái hǎo wǒ pāizhào le, jiào “bāfāng-
玛丽： 大卫说的是什么呀，还好我拍照了，叫“八方

-xiànghuà, jiǔtǔ-láiwáng”, yìsi shì tiānxiàrén dōu xiàng jūnzhǔ
向化，九土来王”，意思是天下人都向君主

chénfú nàgòng.
臣服纳贡。

duì, duì, wǒ shuō de yě bā jiǔ bù lí shí ma.
大卫： 对，对，我说的也八九不离十嘛。

表达练习2

1 判断下面的句子是否符合课文的意思，对的画“√”，错的画“×”。

（1）故宫里收藏的钟表都在钟表馆展出。（　　）

（2）故宫里的钟表有中国制造的，也有国外制造的；有清宫制造的，也有中国其他城市制造的。（　　）

（3）福禄寿钟上有蝙蝠和鹿。（　　）

（4）“福禄寿”是中国古代的三种动物，代表幸福、财富、长寿。（　　）

（5）玛丽和大卫都喜欢英国制造的写字人钟。（　　）

（6）英国制造的写字人钟上，写字人写出来的是英文。（　　）

2 根据课文内容，使用句型“……寓意是……”描述下列图片。

（1）__________寓意是__________________。

（2）________________寓意是__________________________。

（3）________________寓意是__________________________。

（4）________________寓意是__________________________。

（5）________________寓意是__________________________。

（6）________________寓意是__________________________。

3 请用句型“……，尤其是……，因为它的寓意是……”描述下列图片。如果你不知道它的寓意，可以去查一查。

例如：

我喜欢法国瓷瓶钟和瑞士自鸣钟，尤其是<u>瓷瓶钟</u>，因为它的寓意是<u>平平安安</u>。

（1）

我很喜欢吃水果，尤其是________，因为它的寓意是________。

（2）

中国人新年喜欢吉利的动物画，尤其是________，因为它的寓意是________。

（3）

中国人给老人祝寿的生日蛋糕上有很多东西，尤其是________，因为它的寓意是________。

（4）

中国人结婚时床上会放很多东西，尤其是________，因为它的寓意是________。

4 游戏练习：飞花令。请A、B、C三组同学各选一个代表参赛，使用句型"……，尤其是……"来描述各自的学校、班级和同学。A、B、C三组同学轮流说，各说一句话。说对得一分，说错不得分。得分最多的组获胜。

1 ________组

例如：我们学校的建筑很漂亮，尤其是教学楼。

（1）________________________________

（2）________________________________

（3）________________________________

（4）________________________________

（5）________________________________

表达练习3

请同学们找一张家庭合影，并使用句型“……，尤其是……”来介绍一下。

文化知识

阅读材料八

故宫里的钟表

请阅读本文，回答下面的问题。

1. 欧洲的机械钟表什么时候开始传入中国？
2. 为什么钟表受到皇帝们的喜爱？
3. 故宫里收藏的一些钟表在哪里展出？
4. 写字人钟是哪位皇帝在位时制造的？

中国人使用计时器有着悠久的历史，清代以前主要用圭表(guībiǎo)[1]、日晷(rìguǐ)[2]计时。明末清初，欧洲的机械钟表开始传入中国。

日晷

大清王朝建立后，皇室对钟表的兴趣有增无减。当时的外国人在钟表设计上费尽心思(fèijìn xīnsi)[3]。在钟表上增加日月星辰、车马人物、花鸟鱼虫等装饰，使其栩栩如生(xǔxǔ-rúshēng)[4]。更厉害的

① 圭表：Guibiao (an ancient Chinese astronomical instrument for measuring the shadow of the sun to determine the solar terms, time, etc.)

② 日晷：sundial

③ 费尽心思：put in a lot of effort

④ 栩栩如生：lifelike，vivid

是，通过发条（fātiáo）[1]能让钟表上的日月星辰呈现出斗转星移（dǒuzhuǎn-xīngyí）[2]的效果，还能让车马跑动、人物活动、花儿绽放、鸟儿啼鸣。这些新颖别致的钟表令皇帝们爱不释手。顺治帝称赞其“见所未见（jiànsuǒwèijiàn），闻所未闻（wénsuǒwèiwén）”[3]。乾隆帝对钟表最为痴迷，他广收奇钟异表，多次下旨让广东海关官员斥重金购置西洋钟表。钟表匠们还为钟表设计了许多有趣的功能，如变换文字、音乐鸟、活动人偶、水法、行船、转花、滚球等，令人眼花缭乱（yǎnhuā-liáoluàn）[4]。

那我们现在还能看到皇帝当年使用的钟表吗？故宫里的奉先殿原先是清朝皇帝祭祀祖先（jìsì zǔxiān）[5]的地方。如今，奉先殿内陈列着皇宫收藏的各类精美钟表，堪称一座钟表博物馆。故宫所藏钟表有1600多件，年代从17世纪到20世纪初，其中以乾隆时期的藏品最多。例如，这件铜镀金牛驮水法转花钟，上层

铜镀金牛驮水法转花钟

铜镀金嵌珐琅转鸭荷花缸钟

---

① 发条：clockwork spring

② 斗转星移：The revolution of the stars and the passage of time.

③ 见所未见，闻所未闻：See what one has never seen before and hear what one has never heard before.

④ 眼花缭乱：be dazzled

⑤ 祭祀祖先：offer sacrifices to one’s ancestors

是钟，下层是水法箱。上发条后，乐声响起，瀑布[1]（pùbù）般的水流直泻而下，花饰随之转动。还有铜镀金嵌珐琅转鸭荷花缸钟，这座钟好似一盆真花，上发条后，在乐曲伴奏下，镜面上的鹭鸶[2]（lùsī）仿佛在湖里游动，最上面的荷花花瓣[3]（huābàn）会缓缓打开，露出里面的西王母、童子和白猿，十分有趣。

铜镀金写字人钟

要说最有名的，当数这座铜镀金写字人钟。它是英国伦敦匠人威廉森（Williamson）专为清宫制造的。

这座精美的钟表呈四层楼阁式结构。从上往下看，顶层圆形亭子里有两个人，像是在举着条幅跳舞。钟表启动后，两人会旋转身体拉开横幅，上面写着“万寿无疆”四个大字。写字人钟的第二层有一个敲钟人，每逢3点、6点、9点、12点，便会敲钟奏乐。第三层是计时表盘。这座钟表的最精

第一层和第二层

第三层

① 瀑布：waterfall
② 鹭鸶：egret
③ 花瓣：petal

第四层

彩之处是最底层的写字机械[1]人。写字人一副欧洲绅士[2]打扮，单膝跪地，一手扶书桌，一手握毛笔。观赏写字人表演前，需先将其手中的毛笔蘸好墨汁，再启动开关，便能看到机械人在纸上写下“八方向化，九土来王”八个汉字，字迹工整有力。书写过程中，其头部还会随之摆动。据说乾隆皇帝十分喜爱这座“写字人钟”，特意将其放置在宁寿宫乐寿堂，作为晚年生活中的重要物件。

① 机械：mechanical

② 绅士：gentleman

手工制作八 钟表模型制作

首先购买一个材料包，内含坑纸配件、卡纸配件、指针坑纸、两脚钉和双面胶。

1

第一步，将配件从卡纸上拆下，可获得一个钟表主体、一个圆盘、一个带柄的圆盘和三根指针。机械钟表起源于欧洲，自传入中国后，便引起了中国皇帝的浓厚兴趣，最早收藏钟表的是明朝万历皇帝。

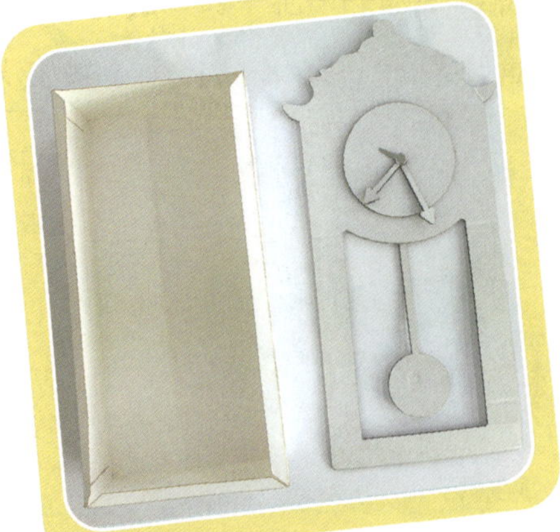

2

第二步，把坑纸折叠成长方体作为钟表主体，接着将配件组合成钟表的模样，用双面胶固定。其中，带长柄的圆盘就是钟表的钟摆。

3 第三步，把上一步做好的两部分用双面胶贴在一起，组合成一个完整的钟表模型。

4 第四步，用喜爱的颜色给钟表上色，一个钟表模型就制作完成了。故宫里的钟表多以优质木材为外壳，部分镶嵌珐琅或施以描金工艺。大家可以将钟表模型涂成红木色，再勾勒金色纹样加以装饰。

练习参考答案

第一课

画中人①

课堂练习1

年轻人

富人　　文人

熟人　　老人/病人

说书人　　商人

课堂练习2

1. （1）老人　（2）穷人、富人　（3）男人、女人　（4）客人
   （5）文人　（6）僧人　（7）小贩　（8）工人

2. （1）人山人海　（2）道听途说　（3）疾病　（4）文化
   （5）商量　（6）丰富多彩　（7）老样子　（8）客气

课堂练习3

1. （1）不，船夫们正在划船呢。
   （2）不，这个工人正在修车呢。
   （3）那位道士正在算命呢。
   （4）我觉得他们不是陌生人，因为走路的人正在用扇子挡着脸呢。
   （5）桥上的人不忙，他们正在桥上看鱼呢。
   （6）门前的人一定很累，他们正在休息呢。

2. （1）这位官员正在骑马呢。
   （2）这些文人正在听琴呢。

（3）这位老人正在钓鱼呢。

（4）康熙帝正在读书呢。

第二课

画中人②

复习操练

❶ （1）商人 （2）工人 （3）熟人 （4）文人 （5）僧人 （6）病人

❷ （1）男人和女人正在散步呢。

（2）大人和孩子正在挂画儿呢。

（3）女人正在跑步呢。

（4）孩子正在玩儿呢。

（5）学生们正在听课呢。

（6）爸爸妈妈正在陪孩子练琴呢。

表达练习1

❶ （1）旅店 （2）大酒楼 （3）彩楼欢门 （4）虹桥 （5）小酒馆 （6）望火楼 （7）饭店 （8）医馆 （9）钟鼓楼

❷

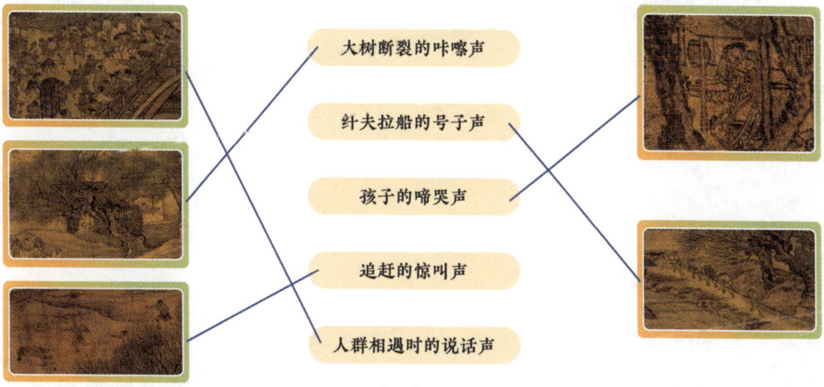

课文学习

（1）大卫介绍的画儿是《清明上河图》。

（2）因为这幅画儿的内容太丰富了，用“精彩”来形容更合适。

（3）《清明上河图》上画着小贩、行人、骑马的人、坐轿的人、工人、官员、说书人、大人、小孩儿、僧人、道士等。

（4）《清明上河图》上画着虹桥、大酒楼、小酒馆、饭店、望火楼、钟鼓楼、旅店、医馆等建筑。

（5）大卫介绍《清明上河图》的时候东一句西一句，讲得不清楚。

表达练习2

1. （1）×　（2）√　（3）√　（4）×　（5）×　（6）×

2. （1）条　（2）座　（3）艘　（4）张、把　（5）家
（6）条、家、座、家、面

3. （1）他们正在跑步呢。
（2）他们正在踢足球呢。
（3）他们正在做饭呢。
（4）他们正在放风筝呢。
（5）他们正在打排球呢。
（6）他们正在骑自行车呢。
（7）他们正在做体操呢。
（8）他们正在打篮球呢。

4. 略

表达练习3

略

阅读材料一

1. 中国现存的最早纸本中国画是唐代韩滉创作的《五牛图》。
2. 《五牛图》中的第二头是黑白花牛，它抬着头向前看，好像正在哞哞叫，急着追上前面的伙伴。
3. 《五牛图》上画着的五头牛虽然颜色不同、表情不同、姿态不同，但有一个共同点，那就是它们的眼睛都圆睁着，非常传神。

4.《五牛图》整幅画儿除了一棵小树外，再没有其他景物，画面完全以牛为主角，这是《五牛图》的独特之处。

第三课

书法之美①

课堂练习1

书写

图书馆　　书房

读书　　书店

书法　　书架

课堂练习2

❶ （1）书法　（2）横平竖直　（3）圆润　（4）读书　（5）书房
（6）书架　（7）楷书　（8）隶书

❷

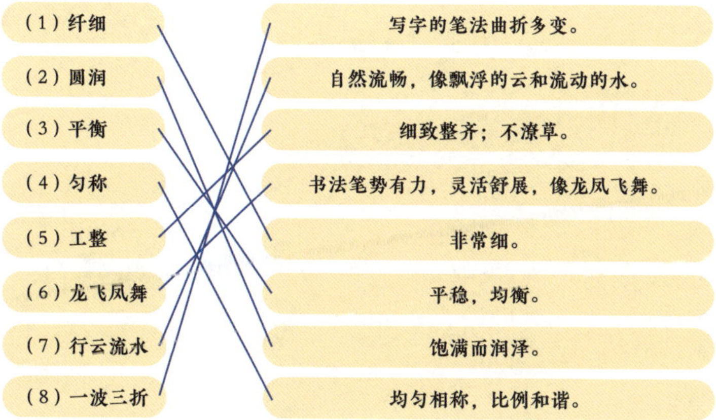

课堂练习3

❶ （1）行书、行云流水
（2）隶书、一波三折、蚕头燕尾
（3）草书、龙飞凤舞
（4）篆书、圆起圆收、藏头护尾
（5）楷书、横平竖直

2. （1）因为猎豹跑得太快了
（2）电影票卖得太快了
（3）因为她把玻璃擦得非常干净
（4）因为外面雨下得太大了

第四课

书法之美②

复习操练

1. 书写、读书、书法、书店、图书馆、书房

2. （1）行书写得行云流水。
（2）草书写得龙飞凤舞。
（3）隶书写得一波三折、蚕头燕尾。

表达练习1

1. （1）篆书　（2）草书　（3）行书　（4）隶书　（5）楷书

2. 春联书法　（2）
园林书法　（4）
景观书法　（5）
经文书法　（3）
摩崖石刻书法　（1）

课文学习

（1）玛丽正在欣赏一幅书法作品呢。
（2）因为这幅作品上有一百种不同写法的“福”字，所以叫《百福图》。
（3）中国书法的五种基本书体分别是篆书、隶书、楷书、行书和草书。
（4）玛丽认为草书写得龙飞凤舞，最具艺术性。
（5）《百福图》上除了五种基本书体，还有甲骨文、金文等。

表达练习2

1. （1）×　（2）×　（3）√　（4）√　（5）×　（6）×

2. （1）篆书写得圆起圆收、藏头护尾，笔画的粗细基本一致，所以篆书有一种匀称的美感。
（2）隶书比篆书写得快。
（3）大卫觉得行书比较适合自己，因为他的字就反映了他的心情。
（4）大卫欣赏不了的书体是草书。
（5）中国的小孩儿学写字从楷书开始，因为楷书写得横平竖直，很工整。

3. （1）明明是一匹马
（2）明明应该去上班
（3）明明降温了
（4）他明明把钱放到口袋里了
（5）明明生病了

4. （1）行云流水、龙飞凤舞
（2）难吃、好吃
（3）很流利、不太流利
（4）很开心、不开心
（5）不太好、非常好

表达练习 3

略

阅读材料二

1. "字如其人"的意思是通过书写过程、文字内容和线条形态可看出书法家的人品修养、情感状态与个性气质。
2. 柳公权的书法体现了他严谨、正直的品格。
3. 因为张旭特别喜欢喝酒，每次喝醉后提笔挥毫，所以写得龙飞凤舞。
4. 书圣王羲之的《兰亭集序》被称为"天下第一行书"。

第五课

为什么叫"瓷母"①

课堂练习1

珐琅彩瓷

斗彩瓷碗　　　　窑变钧瓷

斗彩瓷瓶　　　　天青汝瓷

瓷母　　青花瓷

课堂练习2

1. （1）瓷器　（2）窑变钧瓷　（3）珐琅彩瓷　（4）斗彩瓷
   （5）瓷母　（6）天青汝瓷　（7）珐琅彩瓷　（8）斗彩瓷

2. （1）变化　（2）奋斗　（3）青春　（4）瓷实
   （5）色彩　（6）变成　（7）器官　（8）光彩照人

课堂练习3

1. （1）珐琅彩瓷　（2）瓷母　（3）青花瓷
   （4）窑变钧瓷　（5）天青汝瓷　（6）斗彩瓷

   （7）"瓷母"不是14种釉彩工艺，而是15种。
   （8）天青汝瓷不是唐代的瓷器，而是宋代的。
   （9）窑变钧瓷不是一种颜色，而是多种颜色。
   （10）青花瓷不是白色的，而是白色和蓝色的。
   （11）明代的斗彩瓷不是一般的贵，而是非常贵。
   （12）珐琅彩瓷的技艺不是从欧洲传入的，而是借鉴了欧洲画珐琅的技艺。

2. （1）《功夫熊猫》不是中国拍的电影，而是美国拍的。
   （2）这不是隶书，而是楷书。
   （3）乾清宫不是皇后居住的地方，而是皇帝居住的地方。
   （4）明熹宗的爱好不是斗蛐蛐儿，而是制作木器。

第六课

为什么叫“瓷母”②

复习操练

1. 珐琅彩瓷、瓷母、青花瓷、窑变钧瓷、天青汝瓷、斗彩瓷

2. （1）天青汝瓷不是清代的瓷器，而是宋代的。
（2）青花瓷不是白色的，而是白色和蓝色的。
（3）“瓷母”不是明代烧制的，而是清代烧制的。
（4）“瓷母”不是14种釉彩工艺，而是15种。
（5）珐琅彩瓷的技艺不是从欧洲传入的，而是借鉴了欧洲画珐琅的技艺。
（6）明朝的斗彩瓷不是一般的贵，而是非常贵。

表达练习1

1. （1）钧窑 （2）汝窑 （3）哥窑 （4）定窑 （5）官窑 （6）钧窑

2. （1）珐琅彩瓷 （2）仿哥瓷 （3）青花瓷（清代） （4）仿钧瓷
（5）斗彩瓷 （6）青花瓷（明代） （7）仿汝瓷

课文学习

（1）北京故宫陶瓷馆的镇馆之宝叫清乾隆“各种釉彩大瓶”。
（2）中国的“五大名窑”是汝窑、官窑、哥窑、钧窑、定窑。
（3）“五大名窑”是宋代的。
（4）天青瓷是汝窑烧制的。
（5）大卫在对话中说错了三次。

表达练习2

1. （1）√ （2）× （3）√ （4）× （5）× （6）√

2. （1）“瓷母”的确有15种釉彩工艺，但“瓷母”不是16层，而是17层。
（2）天青汝瓷的确很漂亮，但它不是唐代的，而是宋代的。

（3）窑变钧瓷的确有“十窑九不成”之说，但它不是一种颜色，而是多种颜色。

（4）青花瓷的确受到古代欧洲人的喜爱，但它不是白色的，而是白色和蓝色的。

（5）青花瓷和斗彩瓷的确很有名，但它们是明代最有名的瓷器。

❸ （1）故宫的历史的确悠久，但不是400多年的历史，而是600多年。

（2）汉字的确有难度，但不少外国人不是学不会，而是不会学。

（3）北京的冬天的确非常冷，但不是经常下雪，而是经常刮风。

❹ 略

表达练习3

略

阅读材料三

1. 现存的北宋汝窑盏托有3件。
2. 因为它是南宋寿成皇后用过的。
3. 哈里·加纳在伦敦东部的地摊儿上发现了这件盏托。
4. 天青汝瓷的重要配料是玛瑙。

第七课

金瓯永固杯①

课堂练习1

金元宝

金碗　　金手镯

金杯　　金壶

金佛　　金发簪

课堂练习2

❶ （1）金　（2）宝相花　（3）珍珠　（4）宝石　（5）金手镯

（6）金发簪　（7）镶嵌　　（8）錾刻

❷ （1）金口玉言　（2）小金库　（3）挥金如土　（4）金碧辉煌
（5）金秋　　（6）税金　　（7）定金　　（8）金榜题名

课堂练习3

❶ 答案不唯一，仅供参考
（1）珍珠。除了宝石，金瓯永固杯上还镶嵌着珍珠。
（2）回纹。除了宝相花，金瓯永固杯的杯口还錾刻着回纹。
（3）红宝石。除了珍珠，金瓯永固杯上还镶嵌着21颗红、蓝宝石。
（4）宝相花。除了回纹，金瓯永固杯上还錾刻着很多宝相花。
（5）碧玺。除了珍珠和红、蓝宝石，金瓯永固杯上还镶嵌着4颗碧玺。

❷ 答案不唯一，仅供参考
（1）故宫里的金器很多，除了有金壶，还有金佛。
（2）故宫里的金器很多，我除了喜欢金手镯，还喜欢金发簪。
（3）故宫里的金器很多，我觉得除了金如意令人惊艳，还有金杯也让人赞叹。
（4）故宫里的金器很多，除了用作生活用品，还用作礼仪用品。

第八课

金瓯永固杯②

复习操练

❶ 金碗、金手镯、金元宝、金佛、金壶、金杯、金发簪

❷ 答案不唯一，仅供参考
除了金子，金瓯永固杯还镶嵌了很多宝石。
除了宝石，金瓯永固杯还镶嵌着珍珠。
除了红、蓝宝石，金瓯永固杯还镶嵌着4颗碧玺。
除了珍珠和宝石，金瓯永固杯的杯身上还錾刻着很多宝相花。
除了宝相花，金瓯永固杯的杯口还錾刻着回纹。

表达练习1

1. （1）杯口 （2）杯身 （3）杯脚 （4）变龙 （5）珍珠
（6）象首 （7）象鼻

2. （1）把手 （2）吉祥如意 （3）祖传器物 （4）疆土
（5）祈求 （6）寓意

课文学习

（1）“金瓯永固杯”是清朝乾隆皇帝亲自设计并下令制造的金酒杯。

（2）“金瓯永固杯”高12.5厘米，杯脚高5厘米，杯口直径8厘米。

（3）宝相花的寓意是吉祥如意，回纹的寓意是富贵不断。

（4）“金瓯永固”的意思是疆土无缺、政权永固。

（5）金瓯永固杯每年只有在农历正月初一零点举行的开笔仪式上才会用。

表达练习2

1. （1）× （2）√ （3）× （4）× （5）√ （6）×

2. （1）宝相花的寓意是吉祥如意。
（2）回纹的寓意是富贵不断。
（3）大象的寓意是吉祥如意、健康长寿。

3. 略

4. （1）玉除了有坚强的寓意，还有温润的寓意。
（2）“龙凤呈祥”除了有婚姻美满的寓意，还有家庭幸福的寓意。
（3）鹿除了有财富的寓意，还有美丽的寓意。
（4）麒麟除了有平安吉祥的寓意，还有德才兼备的寓意。
（5）苹果除了有平安的寓意，还有幸福的寓意。

表达练习 3

（1）白菜除了有财富（谐音“摆财”或“百财”）的寓意，还有品质高洁的寓意。

（2）如意除了有吉祥幸福的寓意，还有万事如意的寓意。

（3）麦穗除了有丰收（“大麦”谐音“大卖”）的寓意，还有希望的寓意。

（4）葫芦除了有福禄双全的寓意，还有子孙兴旺的寓意。

阅读材料四

1. 三龙二凤冠是在北京明十三陵的定陵被发现的。
2. 三龙二凤冠的学名是点翠嵌珠石金龙凤冠。
3. 三龙二凤冠的制作用到了点翠工艺。
4. 明孝靖皇后没有戴过三龙二凤冠。

第九课

文房四宝①

课堂练习1

毛笔

彩笔　　硬毫笔

圆珠笔　　钢笔

紫毫笔　软毫笔

课堂练习2

1. （1）墨　（2）毛笔　（3）彩笔　（4）笔毛　（5）硬毫笔　（6）软毫笔　（7）兼毫笔　（8）紫毫笔

2. （1）提笔忘字　（2）随笔　（3）亲笔　（4）奋笔疾书　（5）下笔千言　（6）代笔　（7）一笔勾销　（8）点睛之笔

课堂练习3

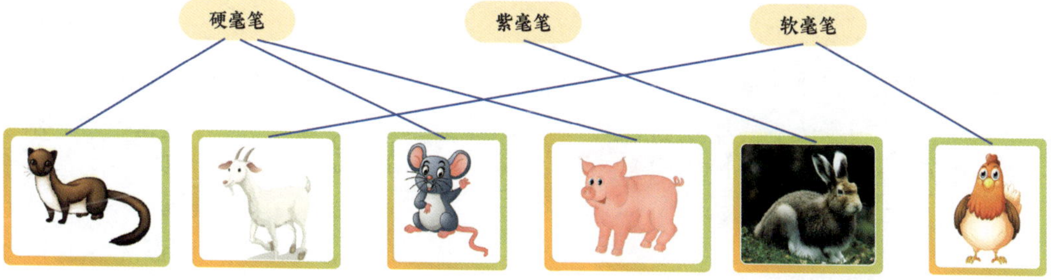

1 回答问题

（1）山羊身上的毛不能做成硬毫笔，只有像狼毫这样较硬的毛做成的笔才叫硬毫笔。

（2）鸡身上的毛不能做成紫毫笔，只有野山兔脊背上的毛做成的笔才叫紫毫笔。

（3）猪身上的毛不能做成软毫笔，只有像鸡身上这样较软的毛做成的笔才叫软毫笔。

（4）只有用野山兔脊背上的毛做成的笔才叫紫毫笔。

（5）鼠须不能做成软毫笔，只有像山羊身上那样较软的毛做成的笔才叫软毫笔。

2 （1）只有认真学习，才会学到知识。

（2）只有爱护环境，我们的家园才会美丽。

（3）只有努力工作，才能过上幸福的生活。

（4）只有站得更高，才能看得更远。

（5）只有大家一起努力，才能把事情做好。

第十课

文房四宝②

复习操练

1 毛笔、纸、钢笔、彩笔、墨、砚、圆珠笔

2 （1）硬毫笔 （2）紫毫笔 （3）兼毫笔 （4）软毫笔

答案不唯一，仅供参考

只有用狼毫这样较硬的毛做成的毛笔，才叫硬毫笔。

只有用野山兔脊背上的毛做成的毛笔，才叫紫毫笔。

只有用较硬和较软的毛混合制作而成的毛笔，才叫兼毫笔。

只有用鸡毛这样较软的毛做成的毛笔，才叫软毫笔。

表达练习1

1 （1）狼 （2）山羊 （3）黄鼠狼 （4）竹子 （5）玉兰花苞 （6）象牙

2 硬毫笔① 软毫笔③ 兼毫笔④ 紫毫笔②

课文学习

（1）毛笔根据笔毛的弹性分类。

（2）用野山兔脊背上的毛做成的毛笔叫紫毫笔。

（3）因为兼毫笔既有软毫又有硬毫，所以既能勾线又能渲染。

（4）故宫里的毛笔笔杆儿大多是用玉、象牙、珐琅或竹子制成的。

（5）“天子万年笔”的特别之处在于这支毛笔是进献给皇帝的寿礼。

表达练习2

1 （1）× （2）√ （3）√ （4）× （5）√ （6）×

2 答案不唯一，仅供参考

关于狼毫笔：狼毫笔不是用狼的毛做成的，而是用黄鼠狼尾巴上的毛做成的。

关于兼毫笔：兼毫笔不是像硬毫笔和软毫笔那样用某一种动物的毛做成的，而是用软毫和硬毫一起做成的。

关于“天子万年笔”：“天子万年笔”不是因制作材料而起的名，而是因作为寿礼进献给皇帝而起的名。

3 答案不唯一，仅供参考

（1）这不是草书，而是楷书。

（2）这不是天青汝瓷，而是青花瓷。

（3）这不是紫毫笔，而是软毫笔。

（4）这不是普通的金杯，而是清朝乾隆皇帝亲自设计的金瓯永固杯。

（5）这不是铜狮，而是麒麟。

4 略

表达练习3

略

阅读材料五

1. “文房四宝”的名称最早出现在南北朝时期。

2. “白潢恭进天子万年笔”是大臣白潢为祝贺康熙皇帝的生日进献的礼品。

3. 由于宣纸保存起来很方便，而且经过很长时间也不会褪色或者变脆，因此被誉为“纸寿千年”。

4. 中国的“四大名砚”分别是广东肇庆的端砚、安徽徽州的歙砚、甘肃临洮的洮河砚和山西绛州的澄泥砚。

第十一课

一寸缂丝一寸金①

课堂练习1

丝带

丝绸旗袍　　蚕丝

丝织品（织锦）　　丝巾

缂丝作品　　丝线

课堂练习2

1 （1）缂丝　（2）刺绣　（3）针线　（4）经线　（5）丝绸
（6）织锦　（7）织绣　（8）织法

2 （1）经济　（2）织成　（3）组织　（4）绣娘　（5）丝毫不差
（6）路线　（7）经典　（8）丝线

课堂练习3

1 （1）缂丝　（2）织锦　（3）刺绣

回答问题：

（4）人们把用“通经通纬”织法织成的丝织品叫作织锦。

（5）人们把用针线绣制的丝织品叫作刺绣。

（6）人们把用“通经断纬”织法织成的丝织品叫作缂丝。

2 （1）人们把这种西班牙舞蹈叫作Flamenco（弗拉明戈）。

（2）人们把结婚50周年叫作金婚。

（3）人们把这种起源于葡萄牙的甜品叫作葡式蛋挞。

（4）人们把在网络上走红的人叫作“网红”。

第十二课

一寸缂丝一寸金②

复习操练

❶ 龙袍、通经通纬、丝带、织锦、通经断纬、刺绣、缂丝、丝线、丝绸（旗袍）

❷ （1）人们把用“通经断纬”织法织成的丝织品叫作缂丝。

（2）人们把北京故宫叫作紫禁城。

（3）人们把用针线绣制的丝织品叫作刺绣。

（4）人们把喜欢在家里待着的男生叫作“宅男”。

（5）人们把用“通经通纬”织法织成的丝织品叫作织锦。

（6）人们把1990—1999年出生的人叫作“90后”。

表达练习1

❶ （1）小梭子 （2）绣娘 （3）缂丝机 （4）画笔 （5）中国风 （6）画稿

❷ 略

课文学习

（1）玛丽穿了一件中国风的衣服。

（2）中国的织绣分为织和绣两大类，主要包括织锦、缂丝和刺绣等。

（3）“通经通纬”的织法就是通过多根纬线（通纬）与经线交织，利用色彩搭配和结构变化，形成规则的花纹和图案。

（4）缂丝需要缂丝机、10厘米长的小梭子、画稿和丝线。

（5）因为缂丝是用线“画”出一幅画儿，工艺难度大，需要的工时多，因此人们把一寸缂丝比作一寸金，表达了缂丝的珍贵。

表达练习2

1. （1）×　（2）×　（3）×　（4）×　（5）√　（6）√

2. （1）A　（2）B　（3）B　（4）A

3. （1）跑出房间
（2）拿出糖果
（3）制订出一份旅游计划
（4）画出一幅美丽的风景画
（5）说出事情的真相

4. （1）这是缂丝。缂丝像是用丝线刻出来的。人们把用“通经断纬”织法织成的丝织品叫作缂丝。
（2）这是刺绣。刺绣是用针线绣出来的。人们把用针线绣制的丝织品叫作刺绣。
（3）这是青花瓷。青花瓷上的画儿是用笔画出来的。人们把这种蓝白相间的瓷器叫作青花瓷。

表达练习3

略

阅读材料六

1. 故宫博物院收藏的织绣文物包括四大类，分别是服饰类、材料类、陈设用织绣品类和织绣书画类。
2. 故宫博物院收藏的织绣书画作品约有1680件。
3.《梅花寒雀图》出自名家沈子蕃。他是南宋人。
4. 是“定州缂丝坊”的店铺主人主动把《梅花寒雀图》献给乾隆皇帝的。

第十三课

精美的故宫家具①

课堂练习1

文具

家具　　　　茶具

坐具　　　　香具

灯具　　卧具

课堂练习2

❶ （1）条案　（2）平头案　（3）炕　（4）对联　（5）焚香
（6）蝙蝠　（7）寿康宫　（8）皇太后

❷ （1）对联　（2）会客　（3）柜子　（4）家具
（5）皇太后　（6）蝙蝠　（7）花草　（8）乾隆皇帝

课堂练习3

❶ （1）平头案　翘头案

故宫里既有平头案，又有翘头案。

（2）炕几　香几

故宫里既有炕几，又有香几。

（3）花草纹和蝙蝠纹、龙袍

故宫里的龙袍，既绣着花草纹，又绣着蝙蝠纹。

❷ 答案不唯一，仅供参考

（1）这里　有炕　有炕几

（2）这里　有对联　有匾额

（3）这里　可以喝茶　可以焚香

（4）这里　大　明亮

第十四课

精美的故宫家具②

复习操练

1. 长桌、翘头案、炕、柜子、炕几、香几

2. 答案不唯一，仅供参考
   故宫里既有方桌，又有长桌。
   故宫里既有平头案，又有翘头案。
   在古代，几既可以用来喝茶，又可以用来焚香。

表达练习1

1. （1）五颜六色 （2）珍宝 （3）展览 （4）奢侈 （5）宝座 （6）当年

2. （1）游客 （2）珍宝 （3）宝座
   （4）屏风 （5）绣 （6）家具

课文学习

（1）乾隆皇帝的母亲居住在寿康宫。
（2）寿康宫有明清家具展。
（3）故宫现存6200多件明清家具。
（4）乾隆皇帝是个孝顺的儿子。
（5）它是黄花梨木柜子。

表达练习2

1. （1）× （2）× （3）√ （4）× （5）× （6）√

2. （1）挂着一副对联 （2）放着炕几 （3）挂着匾额
   （4）匾额下放着一个宝座 （5）宝座后立着一座屏风 （6）柱子上挂着一副对联

3. 答案不唯一，仅供参考
   （1）沙发上坐着一个女人 （2）书架上放着一些书

（3）沙发前放着一个茶几　　（4）墙上挂着一台电视机
（5）桌上放着很多食物　　（6）桌上放着一台电脑
（7）桌前坐着三个男人　　（8）男人们的手里拿着比萨饼

4 略

表达练习3

略

阅读材料七

1.在中国，鹿自古被视为瑞兽，因为汉字“鹿”与“禄”谐音，象征升官发财。

2.因为鹿角造型优美，既有装饰作用，又能为帝王家具设计带来灵感。

3. 故宫里现存的鹿角椅有5把。

4.鹿角椅独特的结构能起到类似“点穴”的刺激效果，其功能堪比现代的按摩椅。鹿角椅还有长寿、富贵的寓意。

第十五课

中西合璧的钟表①

课堂练习1

太平有象钟

闹钟　　铁钟

福禄寿钟　　瓷瓶钟

自鸣钟　　铜镀金写字人钟

课堂练习2

1 （1）表　（2）自鸣钟　（3）做钟处　（4）太平有象
（5）精美　（6）瓷瓶　（7）怀表　（8）满族

2 （1）中西方　（2）福气　（3）敲钟　（4）珐琅彩
（5）太平盛世　（6）外事处　（7）瓷器　（8）长寿

课堂练习3

1. （1）太平有象钟　（2）铜镀金写字人钟　（3）瓷瓶钟　（4）自鸣钟　（5）怀表
   （6）北京故宫收藏了很多外国钟表，尤其是英国钟。
   （7）英国的钟表非常精美，尤其是写字人钟。
   （8）故宫里的很多钟表都是中西合璧的产物，尤其是瑞士怀表。
   （9）瓷瓶钟和自鸣钟我都喜欢，尤其是瓷瓶钟。
   （10）中国古代制作的钟表种类繁多，尤其是清宫做钟处制造的钟表。

2. 答案不唯一，仅供参考
   （1）尤其是打篮球
   （2）尤其是烤鸭
   （3）尤其是故宫
   （4）尤其是中文

第十六课

中西合璧的钟表②

复习操练

1. 福禄寿、福禄寿钟、太平有象钟、铁钟、瓷瓶钟、自鸣钟、怀表

2. （1）瓷瓶钟和自鸣钟我都喜欢，尤其是瓷瓶钟。
   （2）英国的钟表很精美，尤其是写字人钟。
   （3）故宫收藏了很多外国钟表，尤其是英国钟。
   （4）故宫里的神兽非常多，尤其是龙。
   （5）北京故宫的宫殿都很大，尤其是太和殿。
   （6）宋代的瓷器非常有名，尤其是天青汝瓷。

表达练习1

1. （1）万象更新　（2）奇妙　（3）纪录片
   （4）福如东海　（5）寿比南山　（6）八九不离十

2

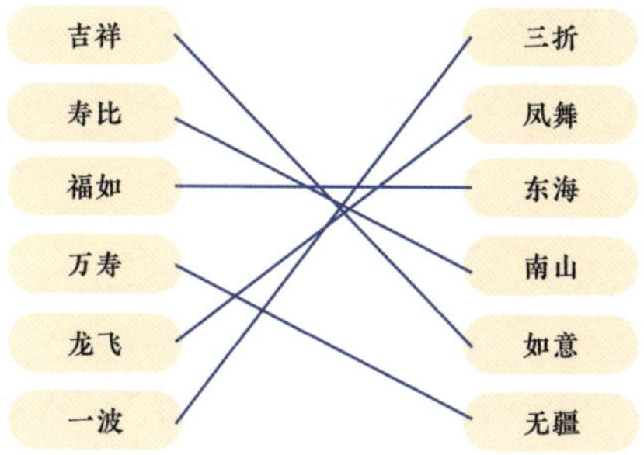

课文学习

（1）因为玛丽和大卫看了纪录片《我在故宫修文物》，觉得非常好看，所以他们去参观了故宫的钟表展。

（2）故宫收藏的钟表有1600多件。

（3）太平有象钟上面有一头大象，象鼻子可以随着音乐卷起来。

（4）“太平有象”的“象”有万象更新的寓意；“福禄寿”中的“福”代表蝙蝠，有福气的寓意，“禄”代表鹿，有财富的寓意。在中国文化中，象、蝙蝠和鹿都是吉祥的动物。另外，福禄寿三位神仙的寓意分别是幸福、财富和长寿。

（5）写字人钟里有一个写字人，他手上拿着毛笔，可以写出“八方向化，九土来王”这八个字，意思是天下人都向君主臣服纳贡。他写字的时候，毛笔可以上下左右移动，头也会随着写字的动作而摆动。

表达练习2

1 （1）×　（2）√　（3）√　（4）×　（5）√　（6）×

2 （1）“太平有象”的寓意是吉祥如意、万象更新。

（2）鹿的寓意是财富。

（3）禄的寓意是财富。

（4）寿的寓意是长寿。

（5）福的寓意是福气。

（6）蝙蝠的寓意是福气。

3 （1）橘子　　大吉大利

（2）鱼　　年年有余

（3）寿桃　　长寿

（4）枣和花生　早生贵子

4 略

表达练习 3

略

阅读材料八

1. 明末清初，欧洲的机械钟表开始传入中国。
2. 因为钟表上设计有日月星辰、车马人物、花鸟鱼虫等装饰，通过发条驱动，还能让日月星辰呈现出斗转星移的效果，同时让车马跑动、人物活动、花儿绽放、鸟儿啼鸣，栩栩如生。
3. 故宫里收藏的一些钟表在奉先殿（即钟表馆）展出。
4. 写字人钟是乾隆时期制造的。

词语总表

	B		
16	八方向化	bāfāng-xiànghuà	
16	八九不离十	bā jiǔ bù lí shí	
2	把	bǎ	三级①
8	把手	bǎshou	高等
16	摆来摆去	bǎilái-bǎiqù	
7	宝石	bǎoshí	四级
14	宝座	bǎozuò	
8	杯脚	bēijiǎo	
8	杯口	bēikǒu	
8	杯身	bēishēn	
13	被子	bèizi	三级
9	笔	bǐ	二级
10	笔杆儿	bǐgǎnr	
9	笔毛	bǐmáo	
10	笔头	bǐtóu	
7	碧玺	bìxǐ	
13	蝙蝠	biānfú	
8	变龙	biàn lóng	
15	表	biǎo	二级
8	表达	biǎodá	三级
1	病人	bìngrén	一级
8	不断	búduàn	三级
	C		
10	材料	cáiliào	四级
9	彩笔	cǎibǐ	
2	彩楼欢门	cǎi lóu huān mén	
3	蚕头燕尾	cántóu-yànwěi	
3	藏头护尾	cángtóu-hùwěi	
3	草书	cǎoshū	
13	茶具	chájù	
15	产物	chǎnwù	高等
13	长桌	chángzhuō	
16	臣服纳贡	chénfú nàgòng	
13	床	chuáng	一级
15	瓷瓶钟	cípíngzhōng	

① 这一列标注的是《国际中文教育中文水平等级标准》（2021年7月1日起实施）的词语级别。

5	瓷器	cíqì	高等
11	刺绣	cìxiù	高等
D			
2	大酒楼	dàjiŭlóu	
1	大人	dàren	二级
6	单色	dānsè	
14	当年	dāngnián	五级
1	道士	dàoshi	
13	灯具	dēngjù	
6	的确	díquè	四级
3	读书	dúshū	一级
13	对联	duìlián	高等
F			
4	发展	fāzhăn	三级
1	繁华	fánhuá	高等
4	反映	fănyìng	四级
13	方桌	fāngzhuō	
13	焚香	fénxiāng	
15	福禄寿钟	fúlùshòu zhōng	
16	福如东海	fúrúdōnghăn	
1	富人	fùrén	六级
G			
9	钢笔	gāngbĭ	五级
1	工人	gōngrén	一级
8	固	gù	四级
1	官员	guānyuán	高等
12	规则	guīzé	四级
13	柜子	guìzi	五级
H			
16	含义	hányì	四级
8	毫米	háomĭ	四级
3	横平竖直	héngpíng-shùzhí	
13	花草	huācăo	
12	花纹	huāwén	高等
12	画笔	huàbĭ	
12	画稿	huàgăo	
15	怀表	huáibiăo	
13	黄花梨木	huánghuālímù	
10	黄鼠狼	huángshŭláng	
7	回纹	huíwén	
13	会客	huìkè	
2	货船	huòchuán	
J			
16	吉利	jílì	六级
8	吉祥如意	jíxiáng-rúyì	
2	集市	jíshì	

9	脊背	jǐbèi	
16	纪录片	jìlùpiàn	高等
2	家	jiā	一级
13	家具	jiājù	三级
3	甲骨文	jiǎgǔwén	
9	兼毫笔	jiānháobǐ	
8	健康长寿	jiànkāng- -chángshòu	
8	疆土	jiāngtǔ	
7	金	jīn	三级
7	金杯	jīnbēi	
7	金发簪	jīnfàzān	
7	金佛	jīnfó	
7	金壶	jīnhú	
7	金手镯	jīnshǒuzhuó	
7	金碗	jīnwǎn	
3	金文	jīnwén	
7	金元宝	jīnyuánbǎo	
4	津津有味	jīnjīn-yǒuwèi	高等
10	进献	jìnxiàn	
11	经线	jīngxiàn	
2	精彩	jīngcǎi	三级
13	精美	jīngměi	六级
16	九土来王	jiǔtǔ-láiwáng	
2	酒帘	jiǔlián	
		K	
3	楷书	kǎishū	
13	炕	kàng	
1	客人	kèrén	二级
11	缂丝	kèsī	
12	缂丝机	kèsījī	
2	口	kǒu	一级
4	狂草	kuángcǎo	
		L	
10	狼	láng	高等
1	老人	lǎorén	一级
10	了解	liǎojiě	四级
14	立	lì	五级
3	隶书	lìshū	
1	聊天儿	liáotiānr	六级
3	龙飞凤舞	lóngfēi-fèngwǔ	
		M	
9	毛笔	máobǐ	五级
5	名窑	míng yáo	
2	面	miàn	二级
4	明明	míngmíng	五级
12	摸	mō	四级

9	墨	mò	高等
1	陌生人	mòshēngrén	
N			
1	男人	nánrén	一级
1	年轻人	niánqīngrén	
1	女人	nǚrén	一级
O			
6	欧洲人	Ōuzhōurén	
P			
13	平头案	píngtóu'àn	
14	屏风	píngfēng	
Q			
16	奇妙	qímiào	六级
8	祈求	qíqiú	
13	翘头案	qiàotóu'àn	
R			
9	软毫笔	ruǎnháobǐ	
S			
1	僧人	sēngrén	高等
10	山羊	shānyáng	
1	商人	shāngrén	二级
14	奢侈	shēchǐ	高等
16	师傅	shīfu	五级

6	十窑九不成	shí yáo jiǔ bù chéng	
10	收藏	shōucáng	六级
16	寿比南山	shòubǐnánshān	
3	书店	shūdiàn	一级
3	书法	shūfǎ	五级
3	书房	shūfáng	六级
3	书架	shūjià	三级
3	书写	shūxiě	高等
1	熟人	shúrén	三级
2	水井	shuǐjǐng	
1	说书人	shuōshūrén	
11	丝绸	sīchóu	高等
11	丝织品	sīzhīpǐn	
2	艘	sōu	高等
2	算税	suàn shuì	
T			
15	太平有象	tàipíng-yǒuxiàng	
15	太平有象钟	tàipíng-yǒuxiàng zhōng	
10	弹性	tánxìng	高等
13	条案	tiáo'àn	
14	听说	tīngshuō	二级
11	通经断纬	tōngjīng-duànwěi	
11	通经通纬	tōngjīng-tōngwěi	

12	图案	tú'àn	四级
3	图书馆	túshūguǎn	一级
W			
15	万寿无疆	wànshòu-wújiāng	
16	万象更新	wànxiàng-gēngxīn	
11	纬线	wěixiàn	
1	文人	wénrén	高等
13	文具	wénjù	高等
14	五颜六色	wǔyán-liùsè	四级
X			
2	先进	xiānjìn	三级
3	纤细	xiānxì	
13	香具	xiāngjù	
7	镶嵌	xiāngqiàn	高等
8	象鼻	xiàngbí	
8	象首	xiàngshǒu	
10	象牙	xiàngyá	
1	小贩	xiǎofàn	高等
2	小酒馆	xiǎojiǔguǎn	
12	小梭子	xiǎosuōzi	
4	心情	xīnqíng	二级
4	行草	xíngcǎo	
3	行书	xíngshū	
3	行云流水	xíngyún-liúshuǐ	
13	绣	xiù	高等
12	绣娘	xiùniáng	
9	选择	xuǎnzé	四级
Y			
9	砚	yàn	
9	野山兔	yěshāntù	
11	一寸缂丝一寸金	yí cùn kèsī yí cùn jīn	
4	一致	yízhì	四级
3	一波三折	yìbō-sānzhé	
1	艺人	yìrén	六级
9	硬毫笔	yìngháobǐ	
14	游客	yóukè	二级
6	釉彩	yòucǎi	
10	玉兰花苞	yùlánhuābāo	
8	寓意	yùyì	高等
3	圆起圆收	yuánqǐ-yuánshōu	
3	圆润	yuánrùn	
9	圆珠笔	yuánzhūbǐ	六级
Z			
7	錾刻	zànkè	
14	展览	zhǎnlǎn	五级

2	张	zhāng	三级
11	针线	zhēnxiàn	
14	珍宝	zhēnbǎo	五级
7	珍珠	zhēnzhū	五级
5	镇馆之宝	zhèn guǎn zhī bǎo	
8	政权	zhèngquán	六级
11	织法	zhīfǎ	
11	织锦	zhījǐn	
11	织绣	zhīxiù	
8	直径	zhíjìng	高等
10	只知其一，不知其二	zhǐ zhī qí yī, bù zhī qí èr	
9	纸	zhǐ	二级

10	制	zhì	高等
12	中国风	Zhōngguófēng	
15	中国制造	Zhōngguó zhìzào	
15	中西合璧	zhōngxī-hébì	
15	钟	zhōng	三级
10	竹子	zhúzi	五级
12	专门	zhuānmén	三级
3	篆书	zhuànshū	
9	紫毫笔	zǐháobǐ	
15	自鸣钟	zìmíngzhōng	
8	祖传器物	zǔchuán qìwù	
2	坐轿	zuò jiào	
2	座	zuò	二级

专有名词

B		
百福图	Bǎi Fú Tú	4
宝相花	Bǎoxiànghuā	7
汴河	Biàn Hé	2
C		
瓷母	Címǔ	5
D		
定窑	Dìng Yáo	6
斗彩瓷	Dòucǎi Cí	5
F		
法国	Fǎguó	15
珐琅彩瓷	Fàláng Cǎicí	5
福禄寿	Fú-Lù-Shòu	15
G		
哥窑	Gē Yáo	6
官窑	Guān Yáo	6
H		
虹桥	Hóng Qiáo	2
J		
金瓯永固杯	Jīn'ōu Yǒnggù Bēi	7
钧窑	Jūn Yáo	6

M		
满族	Mǎnzú	15
明清	Míng Qīng	13
Q		
青花瓷	Qīnghuā Cí	5
R		
汝窑	Rǔ Yáo	6
瑞士	Ruìshì	15
T		
陶瓷馆	Táocí Guǎn	5
天青汝瓷	Tiānqīng Rǔcí	5
W		
望火楼	Wànghuǒ Lóu	2
文房四宝	Wénfáng Sì Bǎo	9
Y		
窑变钧瓷	Yáobiàn Jūncí	5
Z		
钟表馆	Zhōngbiǎo Guǎn	16
钟鼓楼	Zhōng-Gǔ Lóu	2
做钟处	Zuòzhōng Chù	15